reinhardt

Uli Zeller

Ein Geschenk zum Geburtstag

Kurze Geschichten zum Vorlesen bei Demenz

Ernst Reinhardt Verlag München

Uli Zeller, Krankenpfleger und Theologe, arbeitet in einem Altenheim in Singen und schult Betreuende und Angehörige von Menschen mit Demenz.

Bibliografische Information der Deutschen Nationalbibliothek

Die Deutsche Nationalbibliothek verzeichnet diese Publikation in der Deutschen Nationalbibliografie; detaillierte bibliografische Daten sind im Internet über <http://dnb.d-nb.de> abrufbar.

ISBN 978-3-497-03016-3 (Print)
ISBN 978-3-497-61439-4 (PDF-E-Book)
ISBN 978-3-497-61440-0 (EPUB)

Printed in EU
Covermotiv: © istock.com/Pekic (Hund mit Kuchen); istock.com/Ирина Мещерякова (Ziffer)
Satz: FELSBERG Satz & Layout, Göttingen

Ernst Reinhardt Verlag, Kemnatenstr. 46, D-80639 München
Net: www.reinhardt-verlag.de E-Mail: info@reinhardt-verlag.de

Inhalt

Geschenke kommen von Herzen

Namen, Namen, Namen

Mein Namenspatron

Was ist bloß mit Martin los?

Das fragen sich alle. Seine Tochter fragt sich das, als Martin ihren Namen vergessen hat. Seine Frau hält die Luft an, wenn Martin wieder mal die Unterhose über die Hose anziehen will. Selbst der Busfahrer ist verdutzt, weil Martin an der Endstation immer noch im Bus sitzt – anstatt an der drittletzten Station auszusteigen, wie er das in den letzten dreiundzwanzig Jahren gemacht hat …

Martin hat Demenz. Damit ist er nicht alleine. Fast jeder, mit dem man redet, kennt jemanden mit Demenz in seinem Umfeld. Demenz habe ich einmal in meiner Kolumne „Uli & die Demenz“ auf der Internetseite „Die Pflegebibel“ anhand eines Wimmelbildes erklärt.

Unsere Tochter entdeckte im Alter von gut einem Jahr Bilderbücher. Vor allem liebte sie – vielleicht auch, weil ihr Papa diese mag – sogenannte Wimmelbücher. Dabei handelt es sich meist um großformatige Bücher. Auf bunten Bildern geht es um Themen wie „Zirkus“, „Stadt“ oder „Baustelle“. Die großen Bilder setzen sich aus vielen kleinen Szenen zum Thema zusammen. Beim Thema „Baustelle“ könnte dies etwa sein: Ein Bagger hebt die Straße aus. Ein Bauarbeiter hält Helm und Bauplan in der Hand. Und in einem Bauwagen sitzt ein Arbeiter, der gerade eine Tasse Kaffee trinkt.

Wenn kleine Kinder müde sind, wollen sie manchmal noch nicht schlafen. Denn die Welt um sie herum ist so spannend. Dann sind die Kinder so aufgewühlt und durcheinander wie in so einem Wimmelbuch. In so einer Situation wirkte es auf unser kleines Mädchen immer beruhigend, wenn es auf meinen Schoß kam und wir zusammen ein Wimmelbuch angeschaut haben. „Schau mal. Hier ist ein Bauarbeiter. Der hier trinkt eine Tasse Kaffee. Und da – der Bagger." Aufmerksam schaut das kleine Wesen auf meinem Schoß dabei meinem Zeigefinger zu, wie er sich über das Bild bewegt. Sie hört auf meine Stimme und wird langsam ruhig. Alles Gewimmel legt sich. Ordnung kehrt ein. Und ich habe den Eindruck, dass die Kleine jetzt gerade wieder zu sich selbst zurückfindet.

Auf Menschen mit Demenz übertragen wünsche ich mir solche Momente auch. Augenblicke, in denen sie bei sich selbst zu Hause sind. Ein Thema, das dabei helfen kann, sind Geburts- und Namenstage. Bei Martin zum Beispiel. Heute fällt ihm der Name seiner Tochter manchmal nicht mehr ein. Aber er kann sich noch genau erinnern, mit wem er seinen achten Geburtstag gefeiert hat. Damals hat Martins Vater nämlich gemeinsam mit seinem Sohn das Baumhaus eingeweiht, das er zuvor für ihn gebaut hatte. Mann, war Martin stolz. Auf sein Baumhaus und auf seinen Vater. Noch heute kann Martin den Namen jedes einzelnen Kindes nennen, das damals zu Gast war.

Jetzt hat Martin Demenz und vergisst, aus dem Bus auszusteigen. Aber er erinnert sich noch sehr genau an seine erste Fahrt nach Italien. Seine Eltern, sein kleiner Bruder und er, eingepfercht in einen VW Käfer. Noch heute fragt Martin sich, wie alle zusammen mit dem vielen Gepäck in das kleine Auto gepasst haben. Und noch heute erzählt er, wie er am Strand an der Adria bei einem Lagerfeuer seinen Geburtstag gefeiert hat.

Heute zieht Martin gelegentlich die Unterhose über die Hose. Früher legte er viel Wert auf sein Äußeres. An seinem sechzehnten Geburtstag war er tanzen. Da hat er auch seine Frau kennengelernt. Sie trug Nylonstrümpfe, Pumps und einen Petticoat. Er selber eine Cordjacke und ein schwarzes Hemd mit halblangen Ärmeln. Ja, Martin kann sich heute noch an alle Details an diesem Geburtstag erinnern.

Und dann gibt es natürlich noch Martins Namenstag: Sankt Martin am elften November. Der hilfsbereite Martin, der seinen Mantel geteilt hat. Wie oft hat er diese Geschichte während seines Lebens gehört! Inzwischen hat Martin sogar Enkel, die im Kindergarten sind und ihm diese Episode Jahr für Jahr vorspielen. Sankt Martin kommt in diesem Buch übrigens auch vor – und zwar in der Geschichte „Die kluge Auguste".

Geburts- und Namenstage haben Martin im Laufe seines Lebens immer wieder begleitet. Es waren feste Tage. Noch heute können diese Tage Erinnerungen bei ihm wecken – und wie die einzelnen Szenen eines Wimmelbildes dazu beitragen, sich selber in dem großen Ganzen wiederzufinden.

Einige Tipps zum Vorlesen

Vorlesen drückt Nähe, Liebe und Annahme aus. Und Vorlesen hat mit Beziehung zu tun. Viele können sich daran erinnern, wie ihnen ihre Mutter oder ihr Vater früher vorgelesen hat. Vielleicht abends am Bett. Oder ein Gedicht zum Geburtstag. Da gab es zwar Mütter, die gelispelt haben. Und nuschelnde Väter. Ebenso Vorleseomas und -opas mit brüchiger Stimme. Dennoch: Wem als Kind vorgelesen wurde, der hat häufig schöne Erinnerungen daran. Selbst wenn die Vorlesekünste mangelhaft waren. Jenseits von allem Richtig und Falsch gilt beim Vorlesen vor allem: Tun Sie es! Drücken Sie damit Wertschätzung und Zuneigung aus. Auch wenn Sie dabei Fehler machen, zeigen Sie mit dem Vorlesen Empathie und Interesse an Ihrem Gegenüber.

Dennoch kann ich es als Vorleser meinen Zuhörern leichter machen, wenn ich einige Tipps beachte. Ich selber finde es am einfachsten, immer wieder mal einen Ratschlag zu nehmen und darauf zu achten. Also zum Beispiel: „deutlich lesen“, „betonen“ oder beim Lesen immer wieder „Augenkontakt zu seinem Zuhörer herstellen“. Es würde mich überfordern, beim Lesen immer all diese Tipps bewusst zu befolgen. Ich achte also immer wieder mal nur auf eine Sache: Mache ich ausreichende Pausen beim Vorlesen? Sind diese zu kurz oder zu lang? Mag es mein Gegenüber, wenn ich Körperkontakt herstelle – und vielleicht seine Hand halte? Bin ich gehetzt oder nehme ich mir gerade wirklich Zeit für denjenigen, der mir zuhört?

Sehr gute Erfahrungen habe ich damit gemacht, Gegenstände mitzubringen. Am besten ist es, wenn sie mit der Geschichte zu tun haben. Beim Thema „Geburtstag“ könnte dies vielleicht ein Kalender sein – oder Geburtstagskerzen, eine Glückwunschkarte oder ein Fotoalbum. Diesen Gegenstand gebe ich meinem Zuhörer in die Hand, lasse ihn daran tasten und riechen. Häufig fangen diese Gegenstände dann von selber an „zu sprechen“. Sie erinnern Menschen mit Demenz an etwas – und zwar viel stärker, als wenn man diese Sache nur auf einem Foto anschauen würde. Außerdem helfen Gegenstände, leicht wieder zur Geschichte zurückzukehren, falls man abgelenkt wird oder zu einem anderen Thema abschweift.

Gegenstände kann ich unterschiedlich einsetzen. Entweder ich lese eine Geschichte vor – und bringe dazu einen passenden Gegenstand ins Spiel. Oder ich kann auch zuerst den Gegenstand präsentieren – die Kuchengabel am Kaffeetisch, die Serviette oder das verpackte Geschenk. Diesen Gegenstand lasse ich reihum gehen und daran fühlen oder gebe ihn dem „Geburtstagskind“ in die Hand. Daraus ergibt sich dann der Bezug zu einer Geschichte, die ich vorlese oder frei erzähle.

Unter jeder Geschichte in diesem Buch finden Sie einen „Gesprächsimpuls“. Es ist manchmal jedoch schwer, sein Gegenüber mit solchen Fragen zum Erzählen zu bringen. Dann kann es eine Hilfe sein, wenn Sie ein eigenes Erlebnis erzählen, das Sie in diesem Bereich hatten. Das regt manchmal die Erinnerungen und den Gesprächsfluss an.

So bleibt mir nur noch, Ihnen viel Freude beim Vorlesen zu wünschen. Denken Sie dran: Vorlesen drückt Interesse und Wertschätzung aus. Vielleicht kann ich dabei hin und wieder den ein oder anderen Tipp beachten, um mein Vorlesen zu verbessern. Aber vor allem geht es darum, einfach da zu sein und damit auszudrücken: „Ich bin jetzt ganz für Sie da. Herzlichen Glückwunsch zum Geburtstag!"

Kinder, Kinder

Drei Enkel zum Geburtstag

Aktivierungstipp

Bringen Sie Bilder von Kindern in unterschiedlichen Lebensaltern mit. Sie können diese aus Zeitschriften zusammensuchen. Legen Sie diese auf den Tisch. Sortieren Sie die Bilder nach Hautfarbe, Haarfarbe, Größe, Stimmung, Jahreszeit …

Josefine hat zum Geburtstag drei Enkel bekommen. Aber nein, keines ihrer Kinder hat Drillinge gekriegt. Es war ganz anders.

Josefine hat sich stets Enkelkinder gewünscht. Sie hat immer gehofft: Vielleicht bekommt ja irgendwann meine Tochter ein Kind. Aber es war kein Enkel in Sicht. Josefine wurde älter und älter. Ihre Haare wurden schneeweiß, sie brauchte eine Brille – und irgendwann stellte sie mit Tränen in den Augen fest: Ich werde keine Enkel mehr bekommen …

In ihrer Wohnung schaute sie immer wieder aus dem Fenster. Gegenüber wohnte eine Familie mit Kindern. Die drei Kinder winkten Josefine regelmäßig zu. Es waren zwei Mädchen und ein Junge.

Eines Tages kam der Schornsteinfeger zu Josefine.

„Alles in Ordnung", stellte er fest. „Ich habe nichts an Ihrer Heizung zu beanstanden."

Josefine nickte. „Freut mich."

Dann kratzte sich der Kaminkehrer am Kopf. „Aber ich habe noch eine Frage."

„Ja bitte?"

Mit dem schwarzen Besen in der Hand deutete er auf den Balkon gegenüber. „Ich wohne da. Meine Kinder winken Ihnen immer wieder."

Josefine lächelte. „Das sind Ihre Kinder? Ich freue mich immer, wenn ich sie sehe."

Der Schornsteinfeger nickte. „Meine Mutter ist leider schon tot. Und die Mutter meiner Frau lebt auch schon lange nicht mehr."

„Das tut mir leid."

„Meine Kinder haben also keine Großmutter", erklärte der Kaminfeger. „Sie sagen immer: ‚Schau nur, die liebe Oma da drüben. Mit der Brille. Und den weißen Locken. So eine Oma hätten wir auch gerne.'"

Josefine schluckte. „Das ist aber schön."

„Tja", rang der Schornsteinfeger nach Worten. „Wie soll ich sagen: Wollen Sie nicht unsere Oma werden? Meine Kinder würden sich freuen."

Da strahlte Josefine. „Sie können mich gerne als Oma haben. Morgen ist mein Geburtstag. Drei Enkel auf einmal. Was für ein wundervolles Geschenk!"

In diesem Moment traten die drei Kinder des Kaminkehrers auf den Balkon und winkten. Oma Josefine winkte zurück. Der Kaminkehrer strahlte seine Kinder an, nahm Josefine in den Arm – und streckte den Daumen nach oben.

Gesprächsimpuls

Fragen Sie nach den Geburtstagen Ihrer Zuhörer. Die Frage „Wie alt sind Sie?“ wird vielleicht zu schwer sein. Besser könnte es funktionieren, wenn Sie nach dem Geburtsjahr fragen und den ersten Teil der Antwort vorgeben: „In welchem Jahr sind Sie zur Welt gekommen? – Neunzehnhundertund ...“ Oder auch: „Wann ist Ihr Geburtstag?“ „An welchem Tag wurden Sie geboren?“ Dann können Sie darauf eingehen, wer in der Runde der Älteste/der Jüngste ist. Oder ob im Geburtsjahr von jemandem ein besonderes Ereignis war. Beispiel: „Aha, 1949. Da wurde die Bundesrepublik gegründet und das Grundgesetz verabschiedet.“

Ein Bild zum Geburtstag

Aktivierungstipp

Legen Sie die Hand Ihres Gegenübers auf ein Blatt Papier. Malen Sie die Umrisse der Hand nach. Dann können Sie die Hand gemeinsam anmalen.

Hubert hatte einen Geburtstagswunsch: „Der Maler soll alle Wände in meiner Wohnung weiß anmalen."

Gesagt, getan. Als Huberts neunundsiebzigster Geburtstag kam, strahlte die Wohnung im hellsten Weiß.

Zur Feier kamen viele Gäste. Hubert jubelte ihnen zu: „Feiert mit mir. Jetzt hab ichs wieder schön hell."

Die Gäste genossen den Geburtstagskuchen. Huberts Urenkel Lars wippte auf dem Stuhl hin und her. Es quietschte. Immer wieder rempelte er seine Sitznachbarn an. Und schwupps – verschüttete Lars ein Glas Cola.

Huberts Frau schlug mit der Faust auf den Tisch. „Der Lümmel ist mir zu unruhig."

Opa Hubert nickte und sagte ruhig: „Ihm ist nur langweilig. Wen wunderts! Bei so vielen alten Menschen …"

Er wandte sich seinem Urenkel Lars zu: „Geh doch da rüber in mein Lesezimmer. Auf dem Tisch liegt Papier und ein paar Stifte. Da kannst du ein Bild malen."

Kaum war Lars im Nebenraum, war es ruhig. Keine schrille Kinderstimme mehr, kein Quietschen des Stuhles. Keine Gegenstände mehr, die auf den Boden fielen.

Nach einigen Minuten fragte Opa Hubert: „Was macht eigentlich der kleine Lars?"

Oma stand auf und schielte durch die Tür in den Nebenraum.

„Oh nein", schrie Oma mit schriller Stimme. Sie schlug die Hände über dem Kopf zusammen. „Die Wachsmalstifte! Die schöne weiße Wand. Gelb und grün und blau."

Die Oma wurde dabei so weiß, wie die Wand noch wenige Minuten zuvor gewesen war. Sie schüttelte den Kopf und betrachtete die Wand. Lars hatte sie bunt bemalt.

Opa Hubert prustete los. Federnden Schrittes ging er in den Nebenraum und legte Lars den Arm um die Schulter.

„Diese bunten Farben an der Wand werden mich immer dran erinnern: Ich habe eine Familie. Das ist nicht selbstverständlich. Ihr seid die Menschen, die mich lieben und die ich liebe. Das ist doch das größte Geschenk. Viel wertvoller als jede weiße Wand."

Dann griff der Opa zum schwarzen Wachsmalstift – und malte einen breiten Rahmen um die bunten Striche an der Wand.

Er stellte sich daneben und betrachtete das Kunstwerk. „Jetzt ist das mein Geburtstagsbild."

Da fischte die Oma noch den roten Stift vom Boden und malte ein Herz in die obere freie Ecke des Bildes.

Gesprächsimpuls

Haben Sie als Kind Streiche gespielt? Erinnern Sie sich noch besonders gerne an einen Streich? Erzählen Sie: Was haben Sie als Kind gern gespielt? Was war Ihr Lieblingsspielzeug?

Da lachen nicht nur die Hühner

Aktivierungstipp

Lassen Sie Ihre Zuhörer folgende Redensarten ergänzen: Da lachen ja die ... Hühner. – Sie gleichen sich wie ein Ei dem ... anderen. – Fuchs, du hast die Gans ... gestohlen. – Ein blindes Huhn findet auch mal ein ... Korn. – Ich wollt', ich wär ein Huhn, ich hätt' nicht viel zu ... tun. – Kräht der Gockel auf dem Mist, ändert sich das Wetter oder es bleibt, wie es ... ist.

Oh nein. Bauer Olaf erschrak, als er in den Hühnerstall kam. Ein Loch war im Zaun. Der Fuchs musste eingebrochen sein. Und alle Hühner waren tot.

Opa Olaf war der Liebling aller Kinder in der Straße. Früher hatte er Kühe, Pferde und Schafe. Das musste er im Alter alles aufgeben. Seine Hühner waren die letzten, die ihn an sein Lebenswerk als Landwirt erinnerten.

„Der arme Olaf", sagten die Nachbarn. „Was wird nur aus ihm, wenn er nicht mal mehr Hühner hat!"

Oder: „Ach, ich würde ihm doch wieder ein paar Hühner gönnen."

Da hatte der kleine Tom eine Idee: „In meiner Sparbüchse sind acht Euro und dreiundfünfzig Cent. Wenn ich alle Nachbarn frage – vielleicht bekommen wir genügend Geld zusammen und können Olaf ein paar neue Hühner schenken."

Also ging er von Tür zu Tür – und hatte schnell genügend Geld beisammen.

Dann kam Olafs Geburtstag. Der alte Bauer schlurfte am Morgen mit hängenden Schultern in die Küche. Im heißen Wasser kochte er ein Frühstücksei aus dem Supermarkt. Er murmelte: „So lecker wie die Eier von den eigenen Hühnern schmeckt das aber nicht."

Dann klingelte es. Tom stand vor der Tür. Neben ihm ein paar Kinder aus der Nachbarschaft. Einige Eltern waren auch da. Sie stimmten gemeinsam ein Lied an: „Viel Glück und viel Segen auf all deinen Wegen."

Tom lächelte breit. „Opa Olaf, geh doch mal zum Hühnerstall. Da findest du neue Hühner. Die schenken wir dir zum Geburtstag. Und deinen Zaun haben wir auch wieder repariert."

Olaf hatte Tränen in den Augen. Und er sagte: „Aber das größte Geschenk seid ihr. Kinder, die mich lieb haben und mich gerne besuchen."

Gesprächsimpuls

Haben Sie selber auch einen Bezug zur Landwirtschaft? Waren Ihre Eltern Bauern oder hatten Sie Bauern in der Nachbarschaft? Welche Tiere haben Sie schon gesehen? (Beispiel: Kuh, Pferd, Schaf, Huhn, Schwein.) Welche Arbeiten haben Sie schon im Stall gemacht? (Beispiel: Melken, Misten …)

Eine kleine Überraschung

Aktivierungstipp

Bringen Sie Babysocken mit. Daran können Sie entweder gemeinsam fühlen oder sie betrachten. Sie können auch einen Sockenhaufen machen und alle Paare suchen, die zusammengehören.

Sie geht gebeugt. Und ihr Rücken tut weh. Aber das würde Monika nie zugeben.

„Papperlapapp“, sagt sie. „Papperlapapp. Oma Monika gehts gut und sie geht gut.“

Monikas Tochter hat ihrer Mutter einmal den Arm auf die Schulter gelegt und ihr tief in die Augen geschaut. Und gefragt: „Mama. Willst du keinen Rollator?“

„Papperlapapp“, antwortete die Mama. „Papperlapapp. Oma Monika gehts gut und sie geht gut.“

Später hat sich Monikas Enkelin Sandra erkundigt: „Du, Oma. Du gehst in letzter Zeit so wackelig. Brauchst du vielleicht einen Rollator?“

Oma Monika hat daraufhin nur den Kopf geschüttelt und gesagt: „Papperlapapp. Oma Monika gehts gut und sie geht gut.“

Einige Wochen danach war Monikas sechsundsiebzigster Geburtstag. Tochter und Enkelin besuchten sie. Und sie hatten ein Paket dabei. Es war riesig. Das Paket war mit geblümtem Geschenkpapier eingepackt. Die beiden Frauen schoben es vor Monikas Tür und klingelten.

Die Oma rief: „Was ist denn das? Wehe, ihr schenkt mir einen Rollator. Ihr wisst doch: Oma Monika …"

„… gehts gut und sie geht gut", stimmten Tochter und Enkelin gemeinsam ein. Enkelin Sandra ergänzte mit schriller Stimme: „Papperlapapp, papperlapapp." Da lachte Monika laut. Tochter und Enkelin prusteten ebenfalls los.

Sandra zwinkerte ihrer Oma zu. „Mach doch mal dein Geschenk auf."

Oma Monika löste die Schleife. Und siehe da: Zum Vorschein kam – ein Kinderwagen.

Oma Monikas Augen wurden groß.

Sandra öffnete ihren Mantel. Ihr Bauch wölbte sich hervor. Sandra zeigte auf den Bauch und lächelte. „Das eigentliche Geschenk ist da drin."

Darauf erwiderte Oma Monika: „Mein erster Urenkel! Na, wenn das so ist – da halte ich mich auch gerne am Kinderwagen fest, wenn ich spazieren gehe."

Monikas Tochter griff in den Wagen. „Und schau. Hier haben wir noch deine Lieblingspralinen, deinen Lieblingslikör – und einen Teddybären für deinen Urenkel."

Gesprächsimpuls

Haben Sie Kinder, Enkel oder Urenkel? Mädchen oder Jungens oder beides? Erzählen Sie von ihnen. (Bedenken Sie: Je weiter die Generation entfernt ist, umso weniger sind die Personen Menschen mit Demenz bekannt. Söhne und Töchter werden präsenter sein als Urenkel. Wenn Ihr Gegenüber die Namen seiner Enkel nicht sagen kann, bohren Sie nicht danach – sie könnten Ihren Zuhörer damit beschämen.)

Ein Schein für Papa

Aktivierungstipp

Bringen Sie Geldscheine und Münzen mit. Zählen und sortieren Sie gemeinsam Geld. Achten Sie darauf, dass niemand aus Versehen Geld in den Mund nimmt.

Papa arbeitet auf dem Bau. Er plant Häuser und teilt die Arbeiter ein. Oft ist er auf der Baustelle. Sein Sohn Jonas stemmt beide Arme in die Hüften. „Papa ist nie zu Hause. Ich hätte gerne einen Vater, der Zeit für mich hat."

Aber Mama erklärt ihm: „Papa muss doch Geld verdienen. Wir müssen unser Haus abbezahlen. Brot, Fleisch und Käse kosten auch Geld. Und wenn wir in den Tierpark gehen, kostet das Eintritt."

Jonas überlegt sich etwas. Er setzt sich in sein Zimmer, zieht ein Blatt hervor und malt darauf. Denn bald ist Papas Geburtstag.

Als Jonas seinem Papa zum Geburtstag dieses Bild überreicht, fragt Papa: „Was hast du mir da gemalt?"

Jonas lächelt. „Das ist ein Hunderteuroschein."

„Aber warum denn das?"

Da erklärt Jonas: „Damit du weniger arbeiten musst – und mehr Zeit für mich hast."

Der Geldschein hat mehr bewirkt als echtes Geld. Der Papa von Jonas hat Tränen in den Augen. Und künftig nimmt er sich immer, wenn es ihm möglich ist, Zeit für seinen Sohn.

Gesprächsimpuls

Wie viel kostet ein Brot, ein Auto, ein Haus? Was kostet weniger/mehr als hundert Euro?

Ein Stein zum Erinnern

Aktivierungstipp

Gehen Sie raus in die Natur. Sammeln Sie in einem Körbchen Gegenstände zum Dekorieren. Sie können sich mit Ihren Zuhörern gemeinsam auf die Suche machen – oder die Gegenstände alleine suchen und beim Vorlesen zeigen und daran fühlen lassen. Beispiele: Stein, Blatt, Ast, Blüte, Kastanie, Apfel …

Patricks Mama hat Geburtstag. Und sie bekommt viele Geschenke.

Zuerst klingelt die Nachbarin. Sie hat einen riesigen Blumenstrauß dabei. Dahinter kann man sie gar nicht erkennen. „Alles Gute zum Geburtstag, Frau Nachbarin", ruft es hinter dem Strauß hervor.

Mama lächelt. „Das ist ja lieb. So einen großen Blumenstrauß hab ich noch nie bekommen. So riesig. Wow."

Patrick trägt für Mama den Strauß in die Wohnung und stellt ihn in eine Vase.

Dann kommt Papa. Er zieht ein kleines Kästchen aus seiner Tasche. „Bitte schön!"

Eine weiße Perle glänzt an einer Kette. Mama hängt die Kette um den Hals und betrachtet sich im Spiegel. Sie sagt: „Wie schön!"

Patrick geht in den Garten. Mit dem Fuß tritt er gegen einen Baumstumpf. „Und ich?", schimpft er. „Ich habe kein Geld. Ich kann keinen Blumenstrauß kaufen. Und keine Halskette."

Da fällt sein Blick auf einen Stein. Dieser ist weiß, rund und glänzt in der Sonne. So einen schönen Stein hat Patrick noch nie gesehen. Er wirkt so rein und funkelt.

Patrick hat eine Idee. Kurz danach geht er zu seiner Mutter. Den Stein hat er in der Tasche. Er gibt den Stein seiner Mama. Und sagt: „Den schenke ich dir zum Geburtstag. Nimm ihn in deine Tasche. Und immer, wenn du ihn in die Hand nimmst, denk dran: Ich hab dich lieb."

Da wischt sich die Mama eine Träne aus dem Auge.

Gesprächsimpuls

Versuchen Sie, Gegenstände zu besorgen, die Ihre Zuhörer an etwas in ihrem Leben erinnern. Beispiel: Fotoalbum, Familienbild, Souvenir von einer Reise. Betrachten Sie diese gemeinsam. Tasten Sie daran. Vielleicht ermutigen die Gegenstände zum Erzählen.

Julius kommt auf den Hund

Aktivierungstipp

Greifen Sie das Thema „Hunde“ auf, indem Sie ein Bild von einem Hund mitbringen und es gemeinsam anschauen. Sie können auch einen Plüschhund zum Kuscheln mitbringen – oder die Geschichte mit dem Besuch eines (Therapie-)Hundes kombinieren. Ist Ihr Zuhörer handwerklich begabt, können Sie das Thema „Zimmermann“ aufgreifen. Bringen Sie dazu Holzbretter oder Balken mit – und Werkzeuge wie Hammer und Nägel, Feile und Säge. Nun sägen, feilen und nageln Sie. Nehmen Sie dabei wahr, wie das Holz riecht. Bitte darauf achten, dass sich niemand verletzt oder sich einen Holzspan zuzieht.

Der Vater von Julius war Zimmermann. Direkt neben dem Haus war die Werkstatt. Der Vater von Julius hat viel geschrien. „Hol den Balken“, brüllte der Vater in der Werkstatt seine Gesellen an. Oder: „Stell dich nicht so an.“

Julius wollte nie Zimmermann werden. „Ich möchte lieber mit Tieren zu tun haben“, hat Julius sich gewünscht. Wenn er aus dem Haus ging, wollte er eigentlich nie nach rechts abbiegen in die Werkstatt. Nein, er wollte auf die linke Seite gehen – dort war nämlich Nachbars Hund.

„Ich würde so gerne mit Hasso spielen“, murmelte Julius. Aber der Vater rief immer: „Wir haben keine Zeit. Lass den blöden Köter. Komm hier rechts rum. In die Werkstatt.“

Schließlich wurde Julius eines Tages doch Zimmermann. Obwohl er das nie werden wollte. Julius erzählt gerne davon, wie er bei Familie Franke im Winter nach einem Sturm ein neues Dach gezimmert hat. Die Familie war danach so dankbar, dass sie gute Freunde geworden sind. Ein andermal hat er einen Pavillon im Park seiner Heimatstadt gebaut. Jedes Mal, wenn ein hoher Politiker in die Stadt kam, wurde dieser fotografiert. Vor dem Pavillon, den Julius gebaut hatte. Sein Pavillon war darum bald jede Woche einmal in der Zeitung abgebildet. Und auch den Aussichtsturm, den man als Erstes sah, wenn man in die Stadt kam, hat Julius gezimmert.

Jetzt ist Julius sechzig Jahre alt geworden. Sein Vater ist längst tot. Wenn Julius zurückblickt, fragt er sich manchmal: Was wäre geworden, wenn er als Kind nach links abgebogen wäre?

Vielleicht wäre er als Tierpfleger im Zoo gelandet und hätte sich um Zebras gekümmert. Oder er hätte zu Hause eine Straußenfarm aufgebaut. Oder er hätte sich ein paar Stallhasen zugelegt. Julius seufzt: „Ach – wäre das schön gewesen.“

Julius beschließt: „Die Uhr kann ich nicht mehr zurückdrehen. Aber etwas kann ich tun: Ich kaufe mir einen Hund – und gehe jeden Tag zweimal mit ihm spazieren. Und dann träume ich mir mein Leben schön.“

Bald zieht Strolch bei Julius ein. Ein Golden Retriever. Er springt freudig an Julius hoch, wenn er ihn sieht. Julius baut für ihn eine eigene Hundehütte – und verkündet stolz: „In meinem Leben habe ich Dächer, Pavillons und Aussichtstürme gezimmert. Aber diese Hundehütte ist mein wichtigstes Bauwerk.“

Gesprächsimpuls

Lieben Sie Tiere? Haben Sie Haustiere gehabt? Welches ist Ihr Lieblingstier?

Eine besondere Überraschung

Überraschung im Hotel

Aktivierungstipp

Versuchen Sie herauszufinden, wo Ihr Gegenüber gern im Urlaub war. Besorgen Sie Hilfsmittel, die Erinnerungen daran wecken. Beispiele: Landkarten, Postkarten, typische Souvenirs, Bilder aus dem Internet. Lassen Sie Ihre Zuhörer an diesen Gegenständen tasten.

Das Zimmermädchen Linda schaute aus dem Fenster des Hotels „Schneegestöber" auf die Berge. Ihre Augen wurden etwas feucht.

„Es tut mir wirklich leid", wiederholte ihr Chef. „Drei Kolleginnen sind krank. Es ist sehr wichtig für uns, dass Sie nächste Woche mit anpacken."

„Schade", seufzte Linda. „Da kann man wohl nichts machen."

Linda schlurfte mit hängenden Schultern wieder aus dem Büro. Wie gerne wäre sie zu ihrer Oma gefahren und hätte mit ihr deren Geburtstag gefeiert. Sie dachte an den Apfelstrudel, den die Oma immer am Geburtstag frisch buk. Das Wasser lief ihr im Mund zusammen.

Ihr Chef schaute Linda hinterher. Er ließ den Blick sinken. Und schon hatte er eine Idee.

Kurz nachdem Linda sein Büro verlassen hatte, wählte der Hotelchef eine Nummer. Es war die Oma von Linda.

„Guten Morgen, Frau Fuchs", rief der Hotelier in den Hörer. „Ich habe Ihre Enkelin gebeten, auf ihren Urlaub zu verzichten und zu arbeiten. Aber eben ist mir eingefallen, dass wir noch ein freies Zimmer haben. Darum lade ich Sie ein. Sie können Ihre Enkelin gerne überraschen und Ihren Geburtstag bei uns im Hotel verbringen."

„Das ist aber lieb", freute sich die Oma. „Aber verraten Sie ihr nichts."

Am Morgen von Omas Geburtstag machte Linda ihre Runde durch die Gästezimmer. Sie fegte und wischte, bezog und putzte, lüftete und räumte auf. Gegen zehn Uhr stöhnte sie: „Nur noch ein Zimmer. Dann hab ich Pause."

Plötzlich blieb sie stehen. Diesen Duft kannte sie nur zu gut!

Linda seufzte: „Apfelstrudel."

Sie reckte ihre Nase in die Höhe und schnüffelte noch einmal genau. „Merkwürdig. Jetzt hab ich Omas Geburtstag ganz vergessen. Und jetzt bilde ich mir plötzlich ein, es rieche hier gerade so wie bei ihr zu Hause."

Linda klopfte.

Alles ruhig.

Noch mal klopfte sie.

Kein Mucks. Das Zimmer war wohl leer?

Linda steckte den Schlüssel ins Schloss. Klack. Und sie öffnete die Tür.

„Guten Morgen", rief es ihr entgegen.

Linda traute ihren Augen nicht. Da stand die Oma mitten im Zimmer. Die Arme weit ausgebreitet. Und vom Tisch duftete ein Apfelstrudel.

„So eine Überraschung. Herzlichen Glückwunsch zum Geburtstag, Oma!"

Gesprächsimpuls

Wo haben Sie gerne den Urlaub verbracht? Sind Sie in die Ferien gefahren oder waren Sie lieber zu Hause? Fühlen Sie sich wohler in einem edlen Hotel oder einer schlichten Pension? In welches Land oder Region sind Sie am liebsten gereist?

Hoch hinaus mit Tatütata

Aktivierungstipp

Bringen Sie Gegenstände mit, die mit Löschen zu tun haben. Zum Beispiel einen Schlauch, eine Gießkanne – oder auch ein Bierglas, mit dem man den Durst löscht. Lassen Sie Ihr Gegenüber diese in die Hände nehmen und daran fühlen.

Heinz war begeisterter Feuerwehrmann. Brände löschen, Keller auspumpen – und technische Hilfe bei Unfällen leisten. „Ich bin froh, wenn ich Menschen vor Schlimmerem bewahren kann."

Aber die Zeit, in der Heinz mit schweren Sauerstoffflaschen auf dem Rücken in brennende Häuser rannte, ist längst vorbei. Heinz kann keine Verletzten mehr aus verkeilten Autos retten – und nach der Feuerwehrprobe gibts nicht mehr Brezel mit Bratwurst und Bier mit seinem Kameraden Bernd. Denn Heinz ist inzwischen ein alter Mann.

Nicht nur sein aktiver Dienst bei der Feuerwehr ist vorbei. Nein – er kann sich inzwischen nicht mehr gut bewegen. Wenn er die Treppen in seiner Wohnung im vierten Stock hinaufwill, japst er schon auf der zweiten Stufe nach Luft. „Und eine Bierkiste kann ich schon lange nicht mehr bis in meine Wohnung hochtragen", jammert er.

Aber da hat er die Rechnung ohne den Wirt gemacht. Denn: Ende gut – alles gut. Sein Feuerwehrkamerad Bernd schmunzelt: „Wozu um alles in der Welt hat man denn Freunde!“ Und schnell hat er die gesamten Feuerwehrkameraden von seiner Idee begeistert …

An seinem Geburtstag hat Heinz noch keine Ahnung, was auf ihn zukommen wird. Wie jeden Morgen trinkt er eine Tasse Kaffee und beobachtet aus dem Fenster, wie die Wolken vorbeiziehen. Und als er auf die Straße herabschaut, werden seine Augen groß. „Da kommt ja ein Feuerwehrauto!“ Das Blaulicht zuckt und das Martinshorn schmettert laut „Tatütata“.

Kurz vor der Wohnung von Heinz kommt das große Gefährt zum Stehen. Eine Stimme ruft aus dem Lautsprecher: „Liebe Anwohner. Bitte haben Sie keine Angst. Es ist nichts passiert. Aber heute hat Heinz Geburtstag.“

Das Feuerwehrauto fährt seine Leiter aus. Oben an der Leiter befindet sich ein Korb. Vor dem Balkon von Heinz kommt der Korb zum Stehen. Im Korb steht eine Kiste Bier. Daneben eine Tüte mit Brezeln und ein paar Bratwürste. Heinz muss lachen. „Brezel, Bratwurst und Bier zum Geburtstag. Damit verschönert ihr mir mein Alter.“

„Von wegen“, ruft Bernd hinauf. „Brezel, Bratwurst und Bier sind noch gar nicht das richtige Geschenk.“

Heinz runzelt die Stirn und zuckt mit den Achseln. „Aber was ist dann das Geschenk?“

Bernd lacht. „Wir schenken dir unser altes Feuerwehrauto. Mit Drehleiter und Korb. Damit kommst du in Zukunft ohne Probleme in den vierten Stock.“

Heinz schüttelt den Kopf. „Na, ihr seid ja wahre Kameraden. Vielen Dank.“

Gesprächsimpuls

Waren Sie bei einer Organisation aktiv, die anderen Menschen hilft? (Zum Beispiel Feuerwehr, Rotes Kreuz, Nachbarschaftshilfe ...) Was haben Sie dort gemacht?

Ein Karussell für Oma Lisa

Aktivierungstipp

Denken Sie sich Rätsel aus, zum Beispiel:
Welcher dieser vier Begriffe passt hier nicht: Karussell, Schiffschaukel, Tulpe, Flohzirkus?
Welcher Gegenstand hat keine Räder: Feuerwehrauto, Polizeiwagen, Lokomotive, Tisch?
Welcher dieser Begriffe hat etwas mit einem Jahrmarkt zu tun: Fußballplatz, Rummelplatz, Golfplatz, Sitzplatz?

Neulich steckte Lisa ihrem Enkel Sebastian einen Geldschein für den Rummelplatz zu und sagte: „Als Kind bin ich auch gerne Karussell gefahren." Denn jedes Jahr, wenn der große Jahrmarkt im Dorf stattfindet, feiert Oma Lisa ihren Geburtstag.

Sebastian nickte. „Auf dem Karussell drehen sich Feuerwehrautos, Polizeiwagen und eine Lokomotive. Ich liebe vor allem das Motorrad. Ich will mich immer aufs Motorrad setzen."

Oma Lisa schmunzelte. „Früher drehte sich da nur das, was wir Bauern kannten. Tiere eben: Pferde, Kühe und Schwäne. Ich bin am liebsten auf dem Schwein gesessen. Das glänzte schön rosa."

Bald kam der Markt. Sebastian fragte den Mann beim Karussell: „Gibt es kein Karussell mehr, auf dem meine Oma mitfahren könnte? Sie würde bestimmt gerne mal wieder auf einer Sau reiten."

Der Mann lachte. „Weißt du, was? Ich habe noch ein altes Karussell von früher in meiner Scheune stehen. Ich werde es reparieren – und beim nächsten Jahrmarkt stelle ich es deiner Oma in den Garten."

Der Mann hielt Wort. Ein Jahr später brauste er mit einem Anhänger herbei. Darauf befanden sich Bretter aus Holz und ein dicker Mittelpfosten. Als Fahrzeuge brachte er Kühe und Schweine, Enten und Schwäne, Pferde und Esel. Er fügte die Teile zusammen. Schweiß tropfte von seiner Stirn. Zur Zierde hängte er an das Karussell ein kleines Ölgemälde. Es zeigte Hans im Glück mit einem Goldklumpen.

Sebastian zeigte Oma Lisa die Geburtstagsüberraschung. Schon bald saß die Oma auf dem Schwein und Sebastian neben ihr auf einem Huhn. Das Karussell drehte Runde um Runde. Es holperte. Der Mittelpfosten machte „klack-klack-klack".

„Das ist aber eine gelungene Geburtstagsüberraschung", lächelte die Oma.

Und dabei kamen viele schöne Erinnerungen in ihr hoch. Früher roch es auf dem Jahrmarkt nach Brathähnchen und türkischem Honig. Ihr fiel wieder ein, wie die Frau am Mikrofon rief: „Bitte wieder einsteigen. Die Fahrscheine lösen. Gleich gehts los." Fast meinte sie, die Konzertorgel zu hören, die immer am Jahrmarkt klimperte. Oma Lisa erinnerte sich an den Auftritt vom „starken Mann" auf dem Rummelplatz und an die „Show kleinwüchsiger Darsteller". Daran, dass die jungen Männer ihre Kräfte am „Hau den Lukas" maßen. Und natürlich an den Flohzirkus – mit echten Flöhen. Die Flöhe haben mit einer Kugel in ein Tor geschossen. Oder eine Kutsche hinter sich hergezogen.

Sebastian beobachtete seine Oma, die mit geschlossenen

Augen vor sich hin träumte. Und in dem Moment wusste er, dass er Lisa eine große Freude gemacht hatte.

Gesprächsimpuls

Sind Sie früher gerne Karussell gefahren? Welche Tiere oder Fahrzeuge gab es auf dem Karussell? Auf welchem Fahrzeug sind Sie besonders gerne gefahren? Haben Sie später mit Ihren Kindern oder Enkeln den Rummelplatz besucht?

Der Briefträger von Bunzelfingen

Aktivierungstipp

Bringen Sie einige Briefe und Postkarten mit. Geben Sie diese Ihren Zuhörern in die Hand. Es können neue und unbeschriebene Briefe und Karten sein. Oder ein Briefkasteninhalt eines normalen Tages. Ihre Zuhörer können daran tasten, die Post sortieren oder darauf schreiben.

„Bertram Bast, Briefträger für Bunzelfingen“, so stand es auf seinem Türschild. Aber das wäre gar nicht notwendig gewesen. Denn schließlich kannte jeder im Dorf den Briefträger Bertram. Und Bertram bot inzwischen einen besonderen Service für die Menschen in Bunzelfingen an. So was leistete wohl auf der Welt kein anderer Postbote.

Es begann alles damit, dass sein Freund Paul Geburtstag feierte. Briefträger Bertram radelte mit seinem gelben Postfahrrad auf Pauls Hof. Bertram zog drei Briefe für Paul aus dem Korb – und in diesem Moment schoss ihm eine Idee in den Kopf. Schnell fischte er den Kugelschreiber aus seiner Jackentasche.

Den ersten Umschlag hielt er gegen das Licht. Er sah darin einen Geldschein. Der Postbote kritzelte mit dem Kugelschreiber auf den Umschlag:

„Ob du Geld hast oder nicht.
Du bekommst nun mein Gedicht.

Schön, dass du bist auf der Welt.
Ob mit oder ohne Geld."

Der zweite Brief steckte in einem Umschlag vom Amt. Der Briefträger betrachtete ihn und murmelte: „Sieht aus wie ein Strafzettel." Bertram legte den Kopf schief und schrieb auf den Umschlag:

„Denke dran in deinem Alter.
Sei ein guter Fahrzeughalter.
Fahr langsam, das ist kein Scherz,
denk dabei auch an dein Herz."

Der dritte Brief war verziert mit Bildern von Blumen. Die Adresse war von Hand mit vielen Schnörkeln daraufgeschrieben. Bertram lächelte und notierte daneben:

„Viele denken heut an dich
und dazu gehör auch ich.
Ich wünsch dir, das ist keine Frag',
viel Glück zu deinem Ehrentag."

Dann klingelte Bertram bei Paul. Zu seiner Überraschung war das Geburtstagskind zu Hause – und lud den Postboten gleich auf ein Bier ein. Aus dem einen Bier wurden zwei. Und dann hörte Bertram auf, die Menge seiner alkoholischen Getränke zu zählen.

Nach drei Stunden klingelte der Nachbar. „Hallo, Paul. Kommt heut keine Post mehr? Das Postfahrrad steht schon lange vor deiner Tür."

Paul schmunzelte. „Heute kommt alles später. Aber zu deinem Geburtstag bekommst du dafür einen persönlichen Gruß von Briefträger Bertram."

„Auch gut“, lächelte der Nachbar. „Ich habe morgen Geburtstag.“

Seit diesem Tag bekam jeder Einwohner von Bunzelfingen an seinem Geburtstag einen persönlichen Gruß auf die Briefumschläge des Tages. Und manchmal kam es dann vor, dass die Post im Rest des Dorfes danach ein paar Stunden später ankam.

Gesprächsimpuls

Schreiben Sie Briefe und Postkarten? Haben Sie das gerne gemacht? Haben Sie früher viel Post bekommen? Wer in der Familie hat früher immer am meisten Post bekommen? Können Sie sich noch an Ihre schönste Geburtstagskarte erinnern?

Der Schiffschaukel-Schubser

Aktivierungstipp

Bringen Sie Bilder vom Rummelplatz mit – oder typische Leckereien. Beispiele: Lebkuchen, Magenbrot oder gebrannte Mandeln. Betrachten Sie die Bilder. Riechen und tasten Sie an den Leckereien. Und lassen Sie es sich schmecken.

Luisa hat einen Traum: Sie möchte noch mal Schiffschaukel fahren. Das Problem: Sie ist nicht mehr die Jüngste. Aber Enkelin Stefanie hat eine Überraschung für Omas achtundachtzigsten Geburtstag geplant. „Oma. Wir machen einen Ausflug. Opa kommt auch mit."

Oma schaut verdattert. Stefanie zwinkert ihrem Opa zu und er legt seiner Frau den Arm um die Schulter. „Lass dich ruhig darauf ein. Es wird dir gefallen."

Alle zusammen fahren zum Rummelplatz. Schon von Weitem sehen sie die Lichter blinken und hören laute Kirmesmusik. Bald riecht es nach Lebkuchen, gebrannten Mandeln – und verbranntem Schwarzpulver von der Schießbude.

Oma Luisa schüttelt ungläubig den Kopf. „Wollt ihr mit mir Schiffschaukel fahren? Ich glaube, da bin ich zu alt dazu."

„Quatsch", ruft Stefanie. „Man ist so alt, wie man sich fühlt. Los, steigen wir ein."

Gemeinsam steigt Stefanie mit ihren Großeltern in die

Schiffschaukel. Diese schwingt langsam hin und her. Oma Luisa hat noch nicht bemerkt, dass sie nur zu dritt auf der Schaukel sind. Stefanie winkt dem Fahrkartenverkäufer am Mikrofon zu. Schon dröhnt eine Durchsage über den Festplatz: „Dies ist eine Sonderfahrt. An Bord ist Oma Luisa. Sie wird heute achtundachtzig Jahre alt. Darum schwingt die Schaukel genau achtundachtzig Mal hin und her. Alles Gute zum Geburtstag, Oma Luisa!"

Während die Melodie von „Happy birthday to you" aus den Lautsprechern schallt, zieht Stefanie eine Flasche Sekt und drei Gläser aus der Tasche. Der Korken knallt und fliegt durch die Luft. Stefanie schenkt ein. Ein Glas, zwei Gläser, drei Gläser.

„Schön, dass es dich gibt, Oma! Prost."

„Und ich wünsche dir, dass dein Leben so vor Freude übersprudelt wie dieses Glas Sekt. Auf dein Wohl", bekräftigt der Opa.

Luisa will am Glas nippen. Weil die Schaukel nach oben schwingt, nimmt sie einen viel zu großen Schluck. Sie muss husten. Dann lächelt sie wieder. „Früher sind junge Männer mitgereist. Und haben die Schiffschaukel angeschubst."

„Wirklich?"

„Ja. ‚Schiffschaukel-Schubser' haben wir gesagt. Ich war einmal verliebt in so einen Schubser", erklärt die Oma.

Enkelin Stefanie runzelt die Stirn. „Das ist aber eine traurige Erinnerung. Und das an deinem Geburtstag. Denn nach dem Markt ist er bestimmt weitergereist."

„Nein, nein", lächelt Luisa. Sie schielt zum Opa, hebt ihr Glas und stößt mit ihm an. „Mein Schiffschaukel-Schubser ist geblieben."

Da greift der Opa in die Tasche und zieht eine Tüte heraus. „Ich habe hier achtundachtzig gebrannte Mandeln.

Zum achtundachtzigsten Geburtstag. Lassen wir es krachen.“

Gesprächsimpuls

Erinnern Sie sich daran, dass Sie als Kind auf einem Rummelplatz waren? Wie sah es dort damals aus? Nach was hat es gerochen? Sind Sie Schiffschaukel gefahren? Erinnern Sie sich an die Schiffschaukel? Haben Sie an der Losbude etwas gewonnen?

Die fleißige Emilie

Aktivierungstipp

Zählen Sie Aktivitäten auf, die man vor (s)einem Geburtstag tun kann. Beispiele: Geschenk kaufen, Karte schreiben, Kuchen backen, Blumen kaufen …

Emilie springt aus dem Bett. Sie hat in drei Tagen Geburtstag. Aber vorher hat sie noch viel zu tun.

Sie schaut in den Spiegel und murmelt: „Ich muss noch den Boden fegen, Staub wischen und Fenster putzen …“

Emilie kämmt sich die Haare und zählt auf: „… Tischdecke waschen und bügeln, Kaffeeservice aus dem Keller holen und abspülen, Tischdekoration und Namensschilder basteln …“

Während sie ihre Tagescreme auf die Wangen massiert, überlegt sie weiter: „… eine Schwarzwälder Kirschtorte backen. Einen Apfelkuchen kaufen. Und den Sekt kalt stellen.“

Emilie schaut in den Spiegel. Trotz Gesichtscreme sieht sie blass aus. Auf ihrer Stirn bilden sich drei kleine Schweißperlen. Emilie seufzt.

Ding-dong. In diesem Moment klingelt es an der Tür. „Nanu, wer ist das?“

Draußen steht Renate, Emilies beste Freundin. Emilie murmelt: „Renate kommt mir gerade recht. Die kann mir helfen, das Kaffeeservice aus dem Keller nach oben zu tragen. Und wenn sie schon da ist, können wir gemeinsam die Fenster putzen."

Aber da hat Emilie die Rechnung ohne den Wirt gemacht. Nein, Renate ist nicht zum Helfen gekommen. Sie hat eine bessere Idee ...

„Guten Morgen", lächelt Renate. „Schau mal. Eine Überraschung."

Emilies Blick folgt Renates Hand. Diese deutet auf einen Schaukelstuhl. Er steht neben ihr auf dem Bordstein. Die schwarz lackierten Holzlehnen glänzen.

Emilie schüttelt den Kopf. „Was soll denn das?"

Renate legt Emilie die Hand um die Schultern. „Ganz einfach. Ich kenne dich doch, meine Liebe. Wahrscheinlich machst du dich schon wieder verrückt wegen deines Geburtstags. Darum schenke ich dir schon drei Tage vorher einen Schaukelstuhl. Setze dich hin und ruhe aus. Und freue dich auf deinen Geburtstag."

Genau das tut Emilie. Sie stellt ihren Schaukelstuhl vor das Fenster und setzt sich hinein. Sie schaut in Richtung einer großen Birke im Park. Auf dem Fensterbrett befindet sich eine Staubschicht und auf der Scheibe einige Schlieren. Emilie betrachtet ihr Spiegelbild in der Scheibe – und so langsam wird ihre Haut wieder etwas farbiger.

Gesprächsimpuls

Was haben Sie für Ihren Geburtstag immer selbst vorbereitet? Was haben Ihre Freunde/Familie Ihnen abgenommen?

Man muss die Geburtstage feiern, wie sie fallen

Die Tanzmarie am Rathausplatz

Aktivierungstipp

Es gibt viele kleine Orte, für die „Bunzelfingen“ stehen kann. Fragen Sic Ihre Zuhörer, in welchem Ort sie aufgewachsen sind. Tragen Sie zusammen, welche Nachbardörfer, Städte oder Stadtteile angrenzen. Sie können die Dörfer und Städte auch in großen Buchstaben auf Zettel schreiben und nach Größe oder Himmelsrichtung ordnen.

Annemarie tanzt und schunkelt gerne. Im Alten Rathaus Bunzelfingen trifft sich immer am Dienstagabend die Blaskapelle Bunzelfingen. Am Abend tragen sie ihre Tubas, Trompeten und Posaunen ins Alte Rathaus. Annemarie setzt sich auf eine Bank beim Rathausplatz. Sie hat immer ein Glas Wein dabei, das sie neben sich stellt.

Annemarie winkt den Musikern. Diese kennen Annemarie schon und sagen: „Guten Abend, Annemarie.“ Oder: „Ah, die Tanzmarie vom Rathausplatz ist auch schon da.“

Annemarie nippt dann an ihrem Glas Wein und freut sich, dass es bald losgeht. Die Musiker öffnen immer die Fenster, weil sie wissen: „Da unten sitzt Annemarie – unser größter Fan.“

Die Blechblaskapelle Bunzelfingen schmettert dann bald ihren ersten Marsch oder eine Polka. Annemarie sitzt auf ihrer Bank und schunkelt. Sie lacht und trinkt hin und wieder einen Schluck Wein. Wenn Passanten vorbeikommen, winkt Annemarie diese zu sich. Dann schunkeln sie gemeinsam eine Runde.

Jeder in Bunzelfingen weiß: Jeden Dienstag ist Stimmung am Rathausplatz. Wegen der Musikprobe. Aber vor allem wegen Annemarie.

Manchmal ruft ein Musiker aus dem Fenster: „Annemarie, hast du noch einen Wunsch?" Und dann wünscht sie sich was. Den Schneewalzer, „Yesterday" von den Beatles. Oder „Wenn auf Capri die rote Sonne im Meer versinkt". Meist steht Annemarie auf und tanzt quer über den Rathausplatz: die Tanzmarie vom Rathausplatz.

Neulich hat sie einem Musiker verraten: „Ich bin an einem Dienstag auf die Welt gekommen. Weil ich die Blechmusik so liebe, spielt ihr jeden Dienstag für mich ein Geburtstagskonzert. Vielen Dank."

Gesprächsimpuls

Haben Sie früher selber musiziert oder gesungen? Welches Instrument haben Sie gespielt? Waren Sie in einem Chor oder einer Kapelle aktiv? Was ist Ihr Lieblingslied?

Mein Lieblingsmonat

Aktivierungstipp

Bringen Sie einen Kalender oder Bilder von Bäumen in verschiedenen Monaten mit. Zeigen Sie die jeweiligen Bäume, wenn Sie beim entsprechenden Monat sind.

Es haben sich einmal alle zwölf Monate getroffen. Und jeder von ihnen war davon überzeugt: „Ich bin der wichtigste Monat. Und der schönste. Das ganze Jahr sollte doch so sein wie ich. Und man sollte das ganze Jahr nach mir benennen." Jeder der Monate führte gute Gründe auf.

Der Januar prahlte: „Ich beginne mit einem Feuerwerk. Und viele Menschen beginnen den Januar mit guten Vorsätzen. Völlig klar, dass ich ein besonderer Monat bin."

„Pah", wollte der Februar ihn überbieten. „Im Februar ist der Valentinstag. Ein eigener Feiertag nur für die Liebe. Kann es einen bedeutenderen Monat geben?"

Der März blinzelte in die Sonne. „Und ich stehe für den Frühlingsanfang. Frühling steht für Wärme und blühendes Leben. Darum bin ich der Schönste."

Da lachte der April. „Du bist langweilig. Bei mir tobt der Sturm, es regnet und die Sonne scheint. Und das alles gleichzeitig. Gibt es einen Monat, der mir das nachmachen kann?"

„Aber überlegt mal! In welchem Monat ist der Muttertag zu Hause? Na, seht ihr – auch der Mai hat etwas Besonderes."

„Aber im Juni ist der längste Tag des Jahres“, brummte der folgende Monat.

Der Juli fuhr sich mit der Zunge über die Lippen. „Aber was ist mit lecker Schokoladen-, Erdbeer- und Vanilleeis? Das schmeckt doch im Juli am besten!“

„Gibt es einen unter euch, bei dem die Rosen so schön blühen wie bei mir im August? Nein! Na, seht ihr.“

Jetzt meldete sich der September zu Wort. „Bei mir ist die Zeit der Ernte. Das Getreide wird reif. Roggen, Gerste, Dinkel. Und die Äpfel und Birnen sind so weit. Außerdem muss im September keiner mehr so schwitzen wie bei euch hitzigen Sommermonaten.“

Der Oktober war um eine Antwort nicht verlegen. „In keinem Monat gibt es so schöne Herbstfeste wie bei mir. Die Menschen kommen zusammen und feiern. Sie trinken frischen Wein und sind fröhlich.“

„Aber ich – der November – bin ein Monat mit Charakter. Da ist es nass, kalt und stürmisch. Wer kann so was bieten? Doch nur ich.“

Und der Dezember meinte: „Im Dezember ist Weihnachten. Da schenken sich die Leute viele Dinge und die Familie kommt zusammen. Ein solches Fest gibt es kein zweites Mal im Jahr.“

Schließlich wurden sich die Monate einig: Jeder hat etwas Besonderes. Also wurde nach keinem von ihnen das Jahr benannt. Sondern sie wechseln sich weiterhin Monat für Monat ab.

Gesprächsimpuls

Bauen Sie den Geburtstag Ihres Gegenübers in diese Geschichte ein. Ist dieser etwa im April, können Sie zusätzlich vorlesen: „‚Ich bin der bedeutendste Monat‘, sagte der

April. ‚Denn da hat X Geburtstag.'" Weiter steigern können Sie dies, indem Sie das Erzählen mit dem Monat beginnen, der auf den Geburtstag folgt (also etwa mit dem Mai, wenn der Geburtstag im April ist), und dann mit dem Geburtstagsmonat (im Beispiel: April) als Höhepunkt enden.

365 bunte Zettel

Aktivierungstipp

Schreiben Sie Gründe, für die Sie und Ihre Zuhörer dankbar sind, auf bunte Zettel und hängen Sie diese an einer Wäscheleine auf.

Marianne hat eine gute Gewohnheit: Sie schreibt sich jeden Abend eine Sache auf, für die sie dankbar ist. Dazu nimmt sie jeden Tag einen roten, grünen, gelben oder blauen Zettel. Dort notiert sie Dinge wie: „Vögel beim Nistkasten beobachtet." Oder: „Regen prasselt aufs Dach – und ich sitz im Trocknen." Oder auch: „Heute hat meine Nichte Elisabeth angerufen." Die Zettel kommen in eine Kiste. Im Laufe eines Jahres sammeln sich dort viele Zettel.

Jedes Jahr am Geburtstag nimmt sich Marianne Zeit. Sie liest einen Zettel nach dem anderen. Und sie erinnert sich zurück. Da steht zum Beispiel: „Tolle Radiosendung gehört." Da fällt ihr ein: „Ja, da kamen schöne Schlager und es ging um meine Heimat."

Auf dem anderen Zettel heißt es: „Im Laden gleich alles gefunden." Marianne erinnert sich: „Richtig. Ich hatte zuvor ein paarmal ziemlich lange gesucht. Weil Kaffee, Klopapier und Käse plötzlich an einem ganz anderen Ort waren. Dann war ich froh, als ich alles wiedergefunden habe."

Auf einem weiteren Zettel steht: „Heute erste Narzisse gesehen – der Frühling beginnt." Marianne erinnert sich noch an die ersten Sonnenstrahlen und wie sich diese auf ihrer Haut angefühlt haben.

Dieses Jahr an ihrem Geburtstag spannt Marianne eine lange Wäscheleine und hängt dort all die Zettel auf. Viele bunte Zettel mit vielen Gründen zur Dankbarkeit. Sie hängt die Wäscheleine einmal quer durchs Wohnzimmer. Dann durch die Küche. Dann geht die Leine die Treppe hinunter. Anschließend aus der Haustür. Und schließlich einmal ums Haus. 365 Gründe, um dankbar zu sein, flattern an bunten Zetteln in und um Mariannes Wohnung. Da steht: „Fröhlichen Dackel beobachtet" oder „Musste lachen wegen eines Clowns im Fernsehen" oder auch „Kaffee beim Bäcker in der Fußgängerzone genossen".

Überall hat Marianne Gründe aufgehängt, um dankbar zu sein. Die Geburtstagsgäste sind alle erst einmal ums Haus gelaufen, haben die Gründe durchgelesen – und sich mit Marianne gefreut.

Gesprächsimpuls

Sammeln Sie von A bis Z Gründe, um dankbar, glücklich und zufrieden zu sein. Beispiele: Abendrot, Brot, Clown …

Geburtstag im Sommer

Aktivierungstipp

Bringen Sie Gegenstände mit, die typisch für den Sommer oder Winter sind, und geben Sie diese nacheinander Ihrem Gegenüber in die Hand. Beispiele: Sandalen, Badeschlappen, Sonnenhut, Sonnenbrille, Schal, Wollmütze, Winterstiefel.

Siglinde hat ihren Geburtstag verschoben. Eigentlich feiert sie ihren Ehrentag ja immer im Januar. Doch da ist es meist kalt. „Brrr. Sehr kalt!“, schlottert Siglinde. Es schneit und die Straßen sind glatt. Darum hat sie jetzt beschlossen: „Dieses Jahr rutscht niemand aus. Ich verschiebe meinen Geburtstag.“

Also schreibt sie in die Einladung: „Sonne statt Schnee, Wärme statt Winter. Juli statt Januar. Wir feiern meinen nächsten Geburtstag schon im Sommer.“

Draußen in ihrem Garten stellt Siglinde bereits am Vorabend Tische und Bänke auf. „Hier draußen ist es schön warm. Fast schon ein bisschen schwül.“ Siglinde wischt sich den Schweiß von der Stirn. Zwischen die Tische kommen Sonnenschirme. Sogar der alte Kühlschrank findet einen Platz im Garten. Da sollen am Geburtstag Flaschen mit Holundersirup und Schüsseln mit Erdbeerbowle rein. Und Wasser mit Limetten- und Zitronenstücken. Alles schön kühl – und selber gemacht. Lecker und erfrischend.

Siglinde legt sich nach der vielen Arbeit auf eine der

Bänke. „Geschafft.“ Sie schaut zum Himmel. Die ersten Sterne funkeln über ihr. Am Horizont sieht sie rötlich verfärbte Wolken, die sich in mehreren Stockwerken auftürmen. „Das werden hoffentlich keine Gewitterwolken sein.“ Siglinde schiebt schnell den Gedanken beiseite und redet sich Mut zu: „Das wird morgen ein tolles Fest. Niemand muss schlottern. Es ist schön warm. Sandalen statt Stiefel, Sonne statt Schnee, Strohhut statt Schneepflug.“

Doch erstens kommt es anders und zweitens als man denkt.

In der Nacht vor Siglindes Geburtstag setzt ein fürchterliches Unwetter ein. Es blitzt und donnert, regnet und stürmt – wird kalt und ungemütlich.

Am Morgen ihres Geburtstages öffnet Siglinde Vorhänge und Fenster. Da bekommt sie große Augen: „O nein.“ Kühle Luft strömt ins Zimmer. Siglinde schaudert es und sie bekommt eine Gänsehaut.

Da sagt sie sich: „Also gut. Jetzt gibts also doch keinen kühlen Sirup – sondern wieder Glühwein.“

Das war das letzte Mal, dass Siglinde ihren Geburtstag im Sommer feiern wollte. Seither freut sie sich darüber, dass sie im Januar Geburtstag hat. Mit Schneemann, Schneehütte, Schneebar und Schneeballschlacht.

Gesprächsimpuls

Wie ist das Wetter meist an dem Tag, an dem Sie Geburtstag oder Namenstag feiern? Gibt es ein typisches Geburtstagswetter? Gibt es typische saisonale Gegebenheiten oder Rituale, die einfach zu Ihrem Ehrentag dazugehören? Zum Beispiel Schneeballschlacht, Schneespaziergang, Grillen im Garten – oder Erdbeerkuchen im Juni.

Norberts Geburtstagsrede

Aktivierungstipp

Die Redensarten in dieser Geschichte sind hervorgehoben. Machen Sie dort, wo die Punkte (...) sind, jeweils eine kleine Pause. So hat Ihr Zuhörer die Gelegenheit, das Sprichwort zu ergänzen. Ergänzt er nicht von sich aus, lassen Sie die Pause nicht zu lang werden. Sonst könnte eine Atmosphäre wie in der Schule entstehen – wenn der Lehrer etwas fragt und der Schüler es nicht weiß. Lesen Sie stattdessen nach kurzer Pause einfach weiter.

Norbert ist zum Geburtstag seiner Tante Waltraud eingeladen. Er weiß, dass Waltraud gerne Sprichwörter benutzt. Darum hat er in seine Geburtstagsrede ein paar Redensarten eingebaut. Waltraud horcht immer auf, wenn wieder ein Spruch vorkommt – und ergänzt die letzten Worte.

Hier die Geburtstagsrede von Norbert:

„Liebe Tante Waltraud,
man sagt ja: Ein Onkel, der Gutes mitbringt, sei besser als eine Tante, die ...

Klavier spielt.

Aber das stimmt gar nicht. Ich finde es schön, dass du Klavier spielst. Gerne höre ich dir zu. Und ich habe das Gefühl: Du wirst gar nicht ruhiger mit den Jahren. Bei dir gilt: Mit sechsundsechzig Jahren, da ...

fängt das Leben an.

Und danach ging es bei dir erst richtig los. Je oller, je …

doller.

Mit sechsundsechzig hast du noch angefangen, Klavier zu spielen. Inzwischen bist du ein paar Jahre älter. Und du spielst sogar noch in einer Band mit, bei den ‚Jazz Swingers'. Zu euren Liedern schwingen die Menschen das …

Tanzbein.

Und bei vielen frisch Verliebten hängt dabei der Himmel voller …

Geigen.

Man sagt ja eigentlich: Was Hänschen nicht lernte, lernt Hans …

nimmermehr.

Aber das stimmt bei dir auch nicht. Auch im fortgeschrittenen Alter hast du noch Klavier gelernt. Und nach eurem letzten Konzert habt ihr bis früh in den Morgen hinein getanzt. Du hast erzählt, dass du danach eine Woche lang gebraucht hast, um wieder zu normalen Zeiten einzuschlafen. Jaja, es stimmt schon: Alter schützt vor …

Torheit nicht.

Heute ist dein Geburtstag, Tante Waltraud. Ich wünsche dir alles Gute zum …

Geburtstag.

Und ich kann nur sagen: Wie schön, dass du …

geboren bist!

Wir feiern heute zusammen, denn: Man muss die Feste feiern, wie sie …

fallen.

Auch wenn du älter wirst, gilt bei dir doch: Man ist so alt, wie man …

sich fühlt.

Vielleicht geht es dir heute wie nach eurem Konzert.

Und du feierst bis tief in die Nacht. Dann gilt: Je später der Abend, desto schöner …
die Gäste.
Alles Liebe zum Geburtstag, Tante Waltraud.“

Gesprächsimpuls

Kennen Sie Redensarten, die Ihr Gegenüber immer wieder gerne benutzt? Sammeln Sie einige dieser Redensarten und lassen Sie Ihr Gegenüber das letzte Wort ergänzen.

Füße hoch – und ausruhen

Aktivierungstipp

Was kann man alles zum Geburtstag schenken? Sammeln Sie Geschenkideen von A bis Z. (Angel, Buch, Christbaum, Damenhandtasche, Esel, Fingerhut, Glas, Hausschuhe …)

Peters Geburtstag naht. Das ist immer ein Graus für seine Frau Friederike. Denn da gibt es so viel zu tun: das Geburtstagshemd bügeln, den Geburtstagstisch dekorieren, Geburtstagskuchen backen. Der Blutdruck von Friederike geht in den Tagen vor dem Geburtstag nach oben und ihre Mundwinkel nach unten.

„Puh. Das wird wieder anstrengend“, jammert sie und runzelt dabei die Stirn.

Peter beobachtet Friederike von der Seite. Er grübelt: „Eigentlich will ich keine so gestresste Ehefrau.“ Also sagt er zu ihr: „Mein größter Wunsch für diesen Geburtstag ist eine ausgeglichene Frau.“

„Ausgeglichen?“ Friederike schüttelt den Kopf. Ihre Haut ist blass. Sie atmet kräftig ein und aus. „Puh. Putzen, Spülen und Aufräumen. Fegen, Abstauben und Backen. Wie soll ich das nur alles schaffen!“

Peter lächelt. „Wie du das schaffen sollst? Gar nicht!“

„Gar nicht?“

„Nein. Ich wünsche mir, dass du dieses Jahr nichts für meinen Geburtstag machst.“

Friederike schüttelt den Kopf. „Aber wie soll das gehen?"

Peter legt seine Hand auf ihre Schulter. „Ich plane alles. Und ich wünsche mir, dass die Gäste die ganze Arbeit machen."

„Die Gäste sollen mit anpacken?"

„Natürlich. Wenn jeder einen kleinen Teil übernimmt, ist alle Arbeit gemacht. Zuerst räumen alle gemeinsam unsere Gartenlaube auf. Hans bringt den Sekt mit und Wolfgang kommt mit belegten Broten."

„Und ich?"

„Du legst die Füße hoch. Wenn dir das zu langweilig werden sollte, redest du mit den Gästen. Ich stelle dir gleich einen Liegestuhl in den Garten. Dann kannst du das mit dem Füßehochlegen schon mal üben."

Gesprächsimpuls

Wo haben Sie Geburtstag gefeiert? Jedes Jahr am gleichen Ort? Oder immer wieder einmal anderswo? Was haben Sie am Geburtstag gemacht? Beispiele: Frühstücken im Garten, Picknick im Wald, essen gehen in die Gaststätte, Kaffee und Kuchen in der Küche, Sektempfang m Wohnzimmer, Grillen in der Gartenlaube ...

Geschenke kommen von Herzen

Oh, du schöner Löwenzahn

Aktivierungstipp

Machen Sie einen Spaziergang und pflücken Sie unterwegs gemeinsam ein paar Blumen.

Isolde zuckt zusammen. „Was ist denn das?", fragt Isolde ihre Freundin Heidrun. Sie staunt, als sie auf Heidruns Esstisch einige Blumenvasen sieht – und daraus lächelt der Löwenzahn.

Heidrun lächelt. „Löwenzahn. Kennst du die nicht?"

Isolde kneift die Augen zusammen und runzelt die Stirn. „Löwenzahn? Das ist doch Unkraut. Das rupfe ich aus und schmeiße es weg. Aber ich würde es niemals auf den Tisch stellen."

„Das dachte ich früher auch", nickt Heidrun. „Aber dann habe ich meine Meinung geändert."

„Warum?"

Heidrun legt ihren Kopf etwas schief. „Es war an meinem Geburtstag. Da hatte ich Besuch."

„Von wem?"

„Von meiner zweijährigen Enkelin. Wir sind zusammen spazieren gegangen."

„Und dann?"

„Die Kleine lief über die Wiese. Mittendrauf stand eine Blume."

Isolde schmunzelt. „Lass mich raten. Ein Löwenzahn?"

Heidrun strahlt. „Richtig. Ein Löwenzahn. Sie hat ihn

gepflückt. Und in meine Hand gedrückt. Dann hat sie mich angelächelt. Und gesagt: Oma schenken."

Isolde legt den Kopf schief. Ihre Augen glänzen ein wenig.

„Das ist schön."

Heidrun nickt. „Seit diesem Tag dekoriere ich manchmal den Tisch mit Löwenzahn."

Gesprächsimpuls

Was sind Ihre Lieblingsblumen? Hatten Sie einen Garten mit Blumen? Gab es in Ihrer Wohnung immer einen Blumenstrauß?

Ein Notizbuch zum Geburtstag

Aktivierungstipp

Besorgen Sie sich ein Notizbuch. Sammeln Sie darin Lebenserinnerungen Ihres Gegenübers. Beispiele: eine Kinokarte, ein Ring, ein Hochzeitsfoto, das Lieblingsparfum …

Margarethe hat vergessen, aus dem Zug auszusteigen. Solche Dinge passieren ihr in letzter Zeit häufiger. Ihr sind auch schon die Namen ihrer eigenen Kinder entfallen. Und bald jeden Tag verliert sie etwas – Geldbeutel, Schlüssel oder Brille.

Ihre Freundin Hannelore sorgt sich um Margarethe. Hannelore runzelt die Stirn und fragt sich: „Kann ich etwas tun, damit Margarethe nicht das ganze Leben verloren geht?"

Bald ist Margarethes Geburtstag. Ihre Freundin geht in einen Schreibwarenladen und wühlt sich durch Stifte und Blöcke, Karten und Malpapier. Da! Ein Notizbuch. Es ist in einen mattblauen Umschlag eingebunden. Einige gelbe Sonnenblumen vorne drauf. Das richtige Geschenk für Margarethe! Hannelore schreibt auf das Buch: „Lebenserinnerungen von Margarethe". Mitten auf die Sonnenblume. Denn sie denkt sich: „Vielleicht vergisst Margarethe noch mehr aus ihrem Leben. Wenn ich aber Geschichten von ihr aufschreibe, kann ich ihr diese später wieder erzählen. Und vielleicht erinnert sie sich dann."

Also bindet sie eine Schleife um das Buch – und schenkt es Margarethe zum Geburtstag. Dann beginnt sie gleich damit, ihr Fragen zu stellen. Die Antworten kritzelt sie in das Buch.

„Margarethe, was war dein traurigster Geburtstag?"

„Als ich vierzehn Jahre alt wurde. Da ist mein Vater gerade gestorben. Mein Papa war begeisterter Klavierspieler. In den Jahren davor hat er mir jedes Jahr ein neu eingeübtes Stück vorgespielt. Nur für mich. Und dann hat er plötzlich nicht mehr gelebt."

„Erinnerst du dich auch an ein lustiges Erlebnis an einem Geburtstag?"

„Ja. Da hat mir der Gärtner eine Geburtstagskarte geschickt. Er hat die Zahlen verdreht. Statt zum siebenundvierzigsten Geburtstag hat er mir zum vierundsiebzigsten Geburtstag gratuliert. Das war ihm so peinlich – dann hat er mir einen großen, bunten Blumenstrauß geschenkt."

„Und was war dein schönstes Geschenk?"

„Mein Mann wollte eigentlich nicht, dass ich Auto fahre. Weil ich es mir aber so sehr gewünscht habe, hat er mich bei der Fahrschule angemeldet – und mir den Führerschein bezahlt."

„Jetzt habe ich noch eine letzte Frage." Hannelore kratzt sich an der Stirn. „Wann hast du eigentlich Geburtstag?"

Margarethe wiegt den Kopf hin und her. „Das Datum habe ich glatt vergessen. Aber ich bin an einem Montag auf die Welt gekommen."

Hannelore schmunzelt. „Na gut. Dann feiern wir künftig eben an jedem Montag deinen Geburtstag."

Gesprächsimpuls

Was war Ihr schönstes Geburtstagsgeschenk? Erzählen Sie einmal Ihr lustigstes Geburtstagserlebnis.

Ganz von den Socken

Aktivierungstipp

Bringen Sie verschiedene Sockenpaare mit: Babysocken, Damen- und Herrensocken, Socken aus Wolle, Sportsocken, große und kleine Socken. Breiten Sie die Socken einzeln auf dem Tisch aus, so wie wenn sie gerade aus der Waschmaschine kämen. Und sortieren Sie diese gemeinsam zu Paaren zusammen. Was gehört wozu? Ist es zu schwierig, nehmen Sie weniger Sockenpaare.

Tobias seufzt. Denn er räumt gerade Oma Hannas altes Handarbeitszimmer aus. Hanna ist nämlich gestorben.

„Da ist ja die alte Nähmaschine.“ Die Oma musste immer unten mit dem Fuß die Kurbel betätigen, damit die Maschine lief. „Und da: Omas Strickliesel.“

Bald entdeckt Tobias Omas Strickkorb. Darin befindet sich ein Socken. Blau-weiß gestreift. Er ist erst halb gestrickt. Daneben das blau-weiße Wollknäuel, dessen Wolle für den Rest des Strumpfes bestimmt war. Tobias hatte diesen Strumpf schon einmal gesehen. In der Hand von Oma Hanna. Als sie noch lebte und strickte.

Er zeigt ihn seiner Mutter. „Oma wollte mir den Strumpf zum Geburtstag schenken. Leider hat sie diesen nicht mehr erlebt.“

Die Mutter tröstet ihn. „Weißt du, was: Ich stricke dir die Socken zu Ende.“

„Prima“, freut sich Tobias. „Das ist dann ja sogar ein doppeltes Geburtstagsgeschenk. Von Oma und von dir.“

Gesprächsimpuls

Lassen Sie Ihr Gegenüber folgende Redensarten ergänzen: Langes Fädchen – faules … Mädchen. – Da bist du von den … Socken. – Ihm qualmen die … Socken. – Sie macht sich auf die … Socken.

Der Wirbel auf meinem Kopf

Aktivierungstipp

Nehmen Sie sich Zeit für ein „Haare-Verwöhnprogramm". Dazu kann gehören: Kämmen, Haare schneiden, Haare waschen und föhnen – oder an verschiedenen Shampoos riechen. Ist das zu aufwendig, bringen Sie Bilder von Menschen mit verschiedenen Frisuren mit und betrachten Sie diese gemeinsam.

Zwei Enkelinnen treffen sich beim Geburtstag von Oma Ilse. Sie stehen auf dem Balkon. Beide haben ein Glas Sekt in der Hand und stoßen an.

Eine stellt beim Blick auf die Haare der anderen Enkelin fest: „Du hast ja den gleichen Wirbel auf dem Kopf wie ich. Das ist mir noch nie aufgefallen."

„Ja", erwidert die andere. „An dieser Stelle stehen meine Haare in alle Richtungen."

„Was ich nicht schon alles versucht habe!"

„Ich habs schon mit Gel probiert. Aber meine Haare bleiben nicht liegen."

„Haarspray hilft auch nicht viel. Ich habs versucht."

„Ich hatte sogar einmal eine Kurzhaarfrisur."

„Und? Hat das was gebracht?"

„Nur solange meine Haare noch sehr kurz waren. Sobald sie ein bisschen gewachsen sind, blinzelte der Wirbel wieder raus."

„Da hilft nur eines: sich nicht ärgern."

„Ach, übrigens. Oma Ilse hat den gleichen Wirbel auf dem Kopf", schmunzelt die Enkelin, während sie durch die Balkontür ihre Oma in der Wohnung beobachtet. „Sie ist also schuld."

Darauf sagt die andere lächelnd: „Ja. Aber wie viel mehr schöne Sachen haben wir von der Oma geerbt!"

„Stimmt – die Liebe zur Musik."

„Oder dass wir gut mit Menschen können."

„Oder unser handwerkliches Geschick."

„Bei so viel Gutem ist so ein Wirbel dann gar nicht mehr so schlimm."

Eine der Enkelinnen betrachtet ihr Spiegelbild im Fenster. Dann drückt sie den Rücken durch, bis sie kerzengerade steht. Jetzt zupft sie an ihrem Wirbel, bis er so richtig zur Geltung kommt.

Dann murmelt sie: „Danke, Oma Ilse. Ab sofort werde ich meinen Wirbel mit Stolz tragen."

Gesprächsimpuls

Haben Sie auch einen Wirbel auf Ihrem Kopf? Haben Sie sich darüber geärgert oder nehmen Sie das eher gelassen? Hier einige Stichworte für ein Gespräch zum Thema „Haare und Frisuren": Scheitel, Pony, Pferdeschwanz, Locken, Dauerwelle.

Geburtstag am Vatertag

Aktivierungstipp

Ordnen Sie Feiertage den jeweiligen Jahreszeiten zu. Beispiel: Ostern/Pfingsten – Frühling; Erntedank – Herbst; Weihnachten – Winter. Dazu können Sie laminierte A3-Bilder von den entsprechenden Jahreszeiten auf den Tisch legen (für „Frühling" zum Beispiel einen blühenden Baum). Diesen können Sie Blätter zuordnen, auf die Sie zuvor die Feiertage (zum Beispiel „Ostern") aufgeschrieben haben. Alternativ können auch für den Feiertag typische Bilder zugeordnet werden. Beispiel: Ostern – Osterhase/Osterlamm; Pfingsten – Taube; Erntedank – Obstschale voll mit buntem Obst; Weihnachten – Christbaum.

Vatertag ist ein Feiertag. Besonders für alle Männer. Nur nicht für Henry. Denn er hat häufig am Vatertag Geburtstag. Aber da hat er nichts zu lachen, findet er.

Seine Schwester stupste ihn neulich in die Seite und sagte: „Ich freue mich auf deinen Geburtstag."

Henry knurrte: „Wer kommt denn schon wieder alles?"

Darauf die Schwester: „Na, wie immer. Anneliese, Irmgard und Gundula."

Henry holte tief Luft, als er an seine Tante, Cousine und Schwägerin dachte. Er verdrehte die Augen und murmelte vor sich hin: „Wieder so ein Weiber-Geburtstag. Mit Kaffee, Kuchen und geblümten Servietten. Es gibt Annelieses

Apfelstrudel, Irmgards Waffeln und Gundulas Gugelhupf. Nicht schlecht – aber jedes Jahr das Gleiche."

Die Schwester blätterte im Kalender. Sie stellte fest: „Dieses Jahr ist Henrys Geburtstag drei Tage vor dem Vatertag." Also plante sie eine Überraschung.

An Henrys Geburtstag kamen die Damen – so wie befürchtet: Anneliese, Irmgard und Gundula nahmen bei Henry Platz – und eine geblümte Serviette in die Hand. Es gab Apfelstrudel, Waffeln und Gugelhupf. Wie immer.

Doch plötzlich schmunzelte Henrys Schwester und sagte: „Wir haben eine Überraschung." Flugs eilte die Schwester mit Henry und seinen Gästen die Treppe hinunter vors Haus.

„Da", sagte die Schwester und deutete auf einen Leiterwagen. Eine Kiste Bier stand drauf. „Diesen Wagen schenken wir dir. Damit kannst du am Vatertag mit deinen Freunden um die Häuser ziehen. Und einen richtigen Männergeburtstag feiern."

Henry lachte. „Vielen Dank. Mit dieser Aussicht macht mir die Geburtstagsrunde mit euch heute so richtig Spaß."

Gesprächsimpuls

Unterhalten Sie sich über typische Feiertagsaktivitäten. Beispiele: „Was haben Sie am Vatertag gemacht?" – „Wir Männer waren mit einem Bollerwagen unterwegs und haben gegrillt." – „Was gabs am Karfreitag immer zu essen?" – „Wir haben immer Fisch gegessen." – „Was haben Sie am Ostersonntag gemacht?" – „Wir haben Ostereier gesucht ..."

Geschenkt ist geschenkt

Aktivierungstipp

Kochen und trinken Sie gemeinsam einen Tee. Fachsimpeln Sie dabei darüber, wie man einen besonders guten Tee aufbrüht. Welche Ausrüstung braucht man dafür? Soll der Tee lieber im Teebeutel oder lose sein?

Doris runzelte die Stirn, als sie ihr altes Teeservice betrachtete: Es war einfach nicht mehr zeitgemäß. Blumen auf Porzellan. Und grelle Farben. So was hatte man heute doch nicht mehr!

Also stellte sie es auf die Ablage. Nächstes Mal, wenn sie runterginge, würde es in den Müll kommen.

Dann kam die Nachbarin zu Besuch. Trude. Trude begutachtete das Teeservice. „Das ist aber schön."

Doris zischte: „Wenn du willst, kannst du es mitnehmen. Ich schenke es dir."

Künftig sah Doris ihre Nachbarin jeden Tag auf dem Balkon. Trude holte das Kännchen und goss genüsslich ihren Tee ein. Manchmal alleine, manchmal war auch Besuch da.

Doris schaute hinüber und runzelte die Stirn. „Na ja, so schlecht waren die Teller, Tassen und Kännchen doch nicht. Vielleicht hätte ich sie doch behalten sollen."

Während die Nachbarin jeden Tag genüsslich den Tee aufbrühte, trank Doris ihren Tee aus dem Plastikbecher.

„Geschenkt ist geschenkt", murmelte sie. „Und wiederholen ist gestohlen." Also beschloss Doris: „Ich will es der Trude gönnen. Und mich mit ihr freuen, wenn sie daraus trinkt."

Eines Tages starb Trude. Trudes Tochter räumte die Wohnung aus. Dann klingelte sie bei Doris. In den Händen trug sie einen Karton. Sie erklärte: „Hier ist das Teeservice von Mama. Sie hat es geliebt. Und sie hat immer gesagt, es sei von Ihnen. Mir bedeutet es nichts. Wollen Sie es vielleicht wiederhaben?"

Doris strahlte. „Ja, gerne. Und das ausgerechnet heute, an meinem Geburtstag. Das Service bedeutet mir jetzt noch viel mehr als früher. Bei mir ist es immer nur rumgestanden. Erst die Freude von Trude an diesem alten Teeservice hat es für mich wertvoll gemacht."

Gesprächsimpuls

Welche Teesorten kennen Sie und welche trinken Sie besonders gerne? (Pfefferminz, Fenchel, Hagebutte ...)

Zahnweh am Geburtstag

Aktivierungstipp

Zahnbürste, Zahncreme, Zahnputzbecher – bringen Sie verschiedene Gegenstände mit, die mit Zahnpflege zu tun haben. Machen Sie die Bewegungen nach, die zum Zähneputzen gehören. Oder bauen Sie diese Geschichte in den Alltag ein und lesen Sie sie vor oder nach dem Zähneputzen.

„Autsch!" Gisela hat auf einen Kirschkern gebissen. Dabei wollte sie nur die Kirschen essen, die von der Dekoration ihrer Schwarzwälder Kirschtorte übrig waren. Und jetzt das! Ihre linke Zahnseite tat weh. Als sie in den Spiegel blickte, leuchtete die Wange rot.

„Muss das sein?", schimpfte Gisela. „Und das ausgerechnet an meinem Geburtstag!"

Gisela griff zu ihrem Telefon. Sie rief alle Geburtstagsgäste an. Gertrud, Beate und Frieda. Bärbel, Christine und Paula. „Schlechte Nachrichten. Ich verbringe meinen Geburtstag beim Zahnarzt. Die Kaffeerunde fällt aus."

Die kleine Enkelin Emma begleitete die Oma zum Zahnarzt. Im Wartezimmer legte sie der Oma den Arm um die Schultern. „Das ist gar nicht so schlimm. Bei mir hat der Zahnarzt letztes Mal überhaupt nicht gebohrt."

Oma lächelte.

Emma drückte der Oma ein kleines Päckchen in die Hand.

„Das schenke ich dir zum Geburtstag. Aber du darfst es erst aufmachen, wenn der Zahnarzt deinen Zahn gezogen hat."

Da rief die Arzthelferin ins Wartezimmer: „Der Nächste, bitte." Oma schlüpfte durch die Tür – und kam bald strahlend wieder zurück. „Der Zahnarzt hat meinen Zahn gar nicht gezogen. Er konnte ihn reparieren. Jetzt tut es nicht mehr weh."

„Das ist aber schön", freute sich Emma.

„Ich habe dein Päckchen die ganze Zeit in der Hand gehabt, während der Zahnarzt mich behandelt hat. Weil er meinen Zahn nicht gezogen hat, durfte ich dein Geschenk aber noch nicht aufmachen."

Emma lachte. „Mach es ruhig auf."

Die Oma riss das Päckchen auf. Darin befand sich – ein Zahn.

„Das ist ein Milchzahn von mir", lachte die kleine Emma. „Damit du einen neuen Zahn hast – falls der alte doch einmal gezogen wird."

Gesprächsimpuls

Wie hat man früher die Zähne geputzt? Welche Zahncremesorten gab es? Wie sahen früher die Zahnbürsten aus?

Namen, Namen, Namen

Kaisers Vornamen

Aktivierungstipp

Schreiben Sie die Vornamen Ihrer Zuhörer jeweils auf ein Blatt Papier. Überlegen Sie gemeinsam: Kennen Sie noch andere Menschen, die auch so heißen? Gibt es berühmte Persönlichkeiten mit diesem Namen?

Familie Kaiser sitzt im Sommer auf der Terrasse. Die erwachsenen Kinder sind zu Besuch bei ihren alten Eltern. Es duftet nach frischen Blumen, Kaffee und Gegrilltem. Noch nie haben sie darüber gesprochen, wie die Eltern auf die Vornamen ihrer Kinder gekommen sind. Doch nun kommen sie auf das Thema „Namen".

Die älteste Tochter Silvia fragt: „Warum heiße ich eigentlich Silvia?"

Der Vater erklärt: „Als deine Mutter mit dir schwanger war, ist uns ein Unglück passiert. Wir wollten mit Schlittschuhen auf den See. Und schwupps – ist deine Mutter durch die Eisdecke gekracht. Eine Frau hat ihr und dem Baby in ihrem Bauch das Leben gerettet. Die Frau hieß Silvia. Darum haben wir dich so genannt."

Die nächste Tochter fragt: „Und warum heiße ich Erna?"

„Bei Erna habe ich als junge Frau im Haushalt gearbeitet", erklärt die Mutter. „Sie hat mir beigebracht, wie man Brot backt. Wir haben viel gelacht in der Küche. Und bei jedem Teig, den ich später geknetet habe, musste ich an Erna denken. Bis heute. Darum habe ich dich Erna genannt."

Da fragt Dieter: „Und ich? Warum heiße ich Dieter?“

Der Vater erklärt: „Dieter war der Nachbar aus meinen Kindertagen. So ein hilfsbereiter Mensch! Meine Eltern waren schwer krank. Dieter war immer da und hat geholfen. Er hat meine kranke Mutter die Treppe hochgetragen – und wenn das Holz ausgegangen ist, hat er über Nacht neues Holz gehackt. Dieser Dieter war so wertvoll für mich. Darum heißt du Dieter.“

„Und ich? Warum heiße ich eigentlich Rosa?“

Die Mutter erinnert sich: „Rosa war meine liebste Freundin als Kind. Wir haben zusammen gespielt. Wir haben mit Kreide auf der Straße gemalt. Und wir haben uns im Stall und auf dem Heuboden versteckt. Der Name Rosa steht für sorglose Kindheitstage und unbeschwertes Spielen. Und darum haben wir dich so genannt.“

Der Vater kratzt sich am Kinn. „Ja. Jeder Name ist etwas Besonderes. So ist auch jeder Mensch etwas Besonderes.“

Gesprächsimpuls

Wie ist Ihr Name, der Name Ihrer Eltern oder auch Kinder? Gibt es einen bestimmten Grund, warum Sie so heißen oder Ihre Kinder so genannt haben?

Namen aus allen Monaten

Aktivierungstipp

Schreiben Sie die Vornamen Ihrer Zuhörer in großen Buchstaben auf ein Blatt. Versuchen Sie, damit ein paar eigene, originelle Bauernregeln zu dichten.

Die Oma saß auf dem Schaukelstuhl und wippte gemütlich hin und her. Sie blätterte in einem Buch. Dabei murmelte sie vor sich hin: „Paulus und Anna, Vinzenz und Maria, Fridolin und Hedwig …"

Die Enkelin legte den Kopf schief. „Oma, was hast du denn da für ein Buch?"

„Hier stehen lauter Bauernregeln drin."

„Bauernregeln? Was ist denn das?"

Die Oma rückte ihre Brille zurecht. „Jedem Tag im Jahr sind ein paar Namen zugeordnet. Es sind die Namen von Heiligen. Die Namenstage."

Die Enkelin runzelte die Stirn. „Und was hat das mit den Bauern zu tun?"

„Die Bauern kennen sich gut aus mit der Natur. Sie konnten immer gut erkennen, wie das Wetter wird. Und sie haben es in Zusammenhang mit dem Namen des Tages gebracht. Und eine Wetterregel gedichtet."

„Dann gibt es also für jeden Tag eine Wetterregel?"

„Ja. Sag mir doch mal ein Datum – und ich suche im Buch die Wetterregel dazu."

„Siebzehnter Januar."

„Moment. Hmmm, ah – hier: ‚Wenn zu Antoni die Luft ist klar, gibt es ein trockenes Jahr.'"
„Und am zweiundzwanzigsten Februar?"
„Gefriert es in der Petrusnacht, danach noch lang das Eis kracht."
„Was ist mit dem siebzehnten März, da ist mein Geburtstag."
„Fünfzehnter, sechzehnter, siebzehnter März. Hier stehts: ‚Sieht Sankt Gertrud Eis, wird das ganze Jahr nicht heiß.'"
„Wie wärs mit dem fünften April?"
„Dieser Tag ist nach dem heiligen Vinzenz benannt. Eine Bauernregel besagt: ‚Ist Sankt Vinzenz Sonnenschein, bringt er viele Körner ein.'"
„Und am fünfzehnten Mai?"
„Im Mai, da sind die sogenannten Eisheiligen. Am fünfzehnten Mai beispielsweise die Kalte Sophie. Hier steht: ‚Vor Nachtfrost bist du sicher nicht, bevor die Sophie vorüber ist.'"
„Und an Mamas Geburtstag, am vierundzwanzigsten Juni?"
„Sankt Johannis' Regengüsse verderben die besten Nüsse."
„Und was ist der Spruch für deinen Geburtstag, den vierten Juli?"
„Regen an Sankt-Ulrich-Tag macht die besten Birnen mad."
„Für August nehmen wir doch mal ein Datum am Ende des Monats. Wie wäre es am sechsundzwanzigsten August?"
„Wenn im März die Veilchen blühn, an Ludwig oft die Schwalben ziehn."
„Und am neunundzwanzigsten September?"

„Gibt Michaeli Sonnenschein, wird in zwei Wochen Winter sein.“

„Papa hat am fünfzehnten Oktober Geburtstag. Gibts dafür auch eine Wetterregel?“

„Ja“, schmunzelte die Oma. „Zu Theres beginnt die Weinles’.“

„Und für den dreißigsten November?“

„Das ist der Namenstag von Andreas. Die Wetterregel dazu: ‚Andreas, hell und klar, verspricht ein gutes Jahr.‘“

„Und noch ein letztes Datum: einundzwanzigster Dezember.“

„Wenn Sankt Thomas dunkel war, gibts ein schönes neues Jahr.“

Die Enkelin legte ihren Kopf schief. „Was denkst du, Oma: Stimmen diese Bauernregeln immer?“

„Das musst du am besten selbst herausfinden.“

Gesprächsimpuls

Haben Sie sich an Bauernregeln gehalten, wenn Sie etwas im Garten gepflanzt haben? Haben die Wetterregeln gestimmt?

Wünsche für dein Leben

Aktivierungstipp

Bringen Sie Buchstabenkarten von A bis Z mit. Diese können Sie basteln, indem Sie auf vierundzwanzig weiße Blätter im DIN-A5-Format die Buchstaben A bis Z schreiben. Sammeln Sie nun gemeinsam möglichst viele Vornamen zu verschiedenen Buchstaben aus diesem Alphabet.

Hermann und Elfriede haben sechs Kinder. Immer, wenn Elfriede schwanger war, haben sich die beiden überlegt: „Wie soll das Baby heißen?“ Und wenn sie mit einem besonderen Menschen zu tun hatten, sagten sie: „Ach, dieser Name würde auch zu unserem neuen Familienmitglied passen.“

So war das bei Hans.

Hans ist der Name des ältesten Sohnes. Er wurde nach einem Nachbarn benannt. „Unser Nachbar Hans ist so selbstlos“, sagt Elfriede. „Er hilft – wo immer er nur kann. Ich habe mir gewünscht, dass unser Sohn so hilfsbereit würde wie Hans. Darum sollte er Hans heißen.“

Danach kam Otto.

„Otto ist Schmied in der Nachbarschaft.“ Vater Hermann schlägt mit der rechten Faust – wie mit einem Hammer auf einen Amboss – auf seine linke Handfläche. „Otto ist fleißig. Und vor allem liebt er den Frieden. Er redet gut über die Menschen. Alle strahlen, wenn sie bei Otto waren. So eine Ausstrahlung habe ich unserem Sohn gewünscht. Darum sollte er Otto heißen."

Anschließend bekam das Paar eine Tochter: Brigitte.

„Unsere Nachbarin Brigitte hat unsere Kinder immer sehr ermutigt. Wenn sie an ihrem Haus vorbeigelaufen sind und laut gesungen haben, hat sie gesagt: ‚Das machst du gut. Ich freu mich immer, wenn du singst.'" Mutter Elfriedes Augen glänzen. „So haben wir es uns auch gewünscht, dass unsere Tochter andere Menschen ermutigt. Darum heißt sie Brigitte."

Die nächste Tochter heißt Ida.

„Ida hieß eine Tante von mir", erklärt Hermann. „Sie hatte den Durchblick und war mutig. Mein Onkel hat nämlich viel Alkohol getrunken und war dann oft böse. Seine Frau Ida hat dann auf den Tisch gehauen und gesagt: ‚So gehts nicht!' Das haben wir uns für unsere Tochter gewünscht: Dass sie mutig ihren Weg geht, klar zu ihren Überzeugungen steht."

Dann bekam die Familie eine weitere Tochter: Ingeborg.

„Ingeborg ist der Name meiner Freundin. Meine Freundin Ingeborg weiß alles. Sie sagt es nicht von oben herab – sondern redet mit mir auf Augenhöhe. Das habe ich mir für meine Tochter gewünscht. Klug zu sein und zugleich bescheiden. Darum sollte sie Ingeborg heißen."

Und die Kleinste heißt Berta.

„Ich habe einmal eine Berta gekannt, die sehr geschickt mit den Händen war: Ob nähen, stricken oder backen. Ob dekorieren, Blumensträuße binden oder Holz sägen – Berta konnte einfach alles. Berta hat viele Menschen erfreut mit ihren praktischen Gaben. Das haben wir unserer jüngsten Tochter auch gewünscht. Darum haben wir sie Berta genannt", erklärt Elfriede.

Es war früher keine Seltenheit, dass Familien fünf oder

noch mehr Kinder hatten. So wie Hermann und Elfriede. Da hat sich so manches Kind gefragt: „Wer bin ich überhaupt? Gehe ich nicht in der Schar der Kinder unter?" Elfriede und Hermann haben aber all ihren Kindern einen besonderen Namen gegeben. Damit wollten sie sagen: „Du bist etwas ganz Besonderes. Auch wenn du nur eines von sechs Kindern bist. Jedes Einzelne ist wertvoll. So wertvoll, wie wenn es unser einziges Kind wäre."

Zum Glück entwickelt sich jedes Kind ganz eigen und einzigartig. Und manchmal auch ganz anders, als die Eltern es sich gedacht haben …

Gesprächsimpuls

Wie hießen die Namen der Geschwister, Freunde und Eltern Ihrer Zuhörer? Wie war das Wesen dieser Menschen?

Guter Wein

Aktivierungstipp

Bringen Sie eine Flasche Wein und ein paar Gläser mit. Wenn es Gründe gibt, die gegen Wein sprechen, verwenden Sie Traubensaft. Schenken Sie ein, stoßen Sie zusammen an und trinken Sie einen Schluck auf jeden der Söhne in der Geschichte. Und natürlich auch auf die Mutter.

Der Winzer hat drei Söhne. Jeder garantiert mit seinem Namen einen guten Wein.

Der erste Sohn ist der Franz. Er kam am vierten Oktober auf die Welt. „Das ist der Namenstag des heiligen Franziskus", weiß der Weinbauer. Auch die Wetterregel dazu kennt er: „Sonne an Sankt Franz gibt dem Wein den Glanz."

Sohn Nummer zwei heißt Markus. Markus erblickte am fünfundzwanzigsten April das Licht der Welt. Der Weinbauer weiß, welchen Wetterspruch es dazu gibt: „Gibts an Markus Sonnenschein, hat der Winzer guten Wein."

Und der jüngste Sohn ist der Stefan. Für den Stefanstag am sechsundzwanzigsten Oktober gibt es ebenfalls eine weinhaltige Wetterregel, die der Vater kennt: „Windstill soll Sankt Stefan sein, soll der nächste Wein gedeihn."

Neulich gab Mama Martina ihrem Ehemann, dem Winzer, einen Rippenstoß. Sie schmunzelte. „Drei Söhne hast du, die dir guten Wein verheißen. Aber ohne mich wärs nichts mit den Söhnen und auch nicht mit dem guten Wein."

„Warum?“, fragte der Winzer.

„Ganz einfach. Du kennst doch die Bauernregel, die für Martina am dreißigsten Januar gilt: ‚Bringt Martina Sonnenschein, hofft man auf viel Korn und Wein.‘“

Gesprächsimpuls

Trinken Sie lieber Bier oder Wein? Bei welcher Gelegenheit trinken Sie Alkohol? Trinken Sie lieber alleine oder in Gesellschaft?

Die kluge Auguste

Aktivierungstipp

Die folgenden Termine sind nach dem Kirchenjahr geordnet. Die Namen nach dem Alphabet. Schreiben Sie jeden Namen und jedes Datum in großen Buchstaben auf jeweils ein Blatt. Ordnen Sie jeweils den richtigen Namenstag dem richtigen Datum zu.
Daten: vierter Dezember, sechster Dezember, vierzehnter Januar, elfter November.
Namen: Barbara, Martin, Nikolaus, Valentin.

Auguste kann herzlich über ihn lachen. Über den „dummen August“ im Zirkus. Er tritt tollpatschig auf. Aber alle lieben ihn, weil er trotz seiner Einfalt klüger ist als manch Studierter. Gemeinsam mit dem dummen August hat Auguste nicht nur den Namen: Manchmal ist Auguste am Schluss ebenfalls die Klügere. So zum Beispiel neulich bei einer Geburtstagsfeier. Da traf sie verschiedene Freunde. Jeder der anderen Gäste hatte das Gefühl, dass sein Name der bedeutendste sei.

Nikolaus zum Beispiel.

Der fuhr sich durch seinen Bart, der tatsächlich ein wenig an den Nikolaus erinnerte. „An dem Tag, der nach mir benannt ist, bekommen alle Kinder Geschenke. Der Nikolaus ist ein lieber Mann. Alle freuen sich über ihn.“

Oder Barbara.

Sie sagte: „Am Barbaratag steckt man einen Zweig ins

Wasser. Der fängt an zu blühen. Und mitten im Winter steht er für Frühling. Mein Name bedeutet: ‚Neues Leben ist möglich.'"

Ebenso Valentina.

Auch sie war überzeugt, dass ihr Name der wichtigste sei. „Am vierzehnten Februar schenken die Männer ihren Frauen Blumen. Das ist die Gelegenheit mitten in der kalten Jahreszeit, um zu sagen: ‚Ich hab dich lieb.' Mein Name steht also für die Liebe."

Oder Martin.

Martin runzelte die Stirn. „Jedes Kind kennt Sankt Martin. Der Martin teilt seinen Mantel und hilft dem armen Menschen. Martin heißt: ‚Wir helfen einander. Lasst uns teilen.'"

Und dann war da eben noch Auguste. Sie war eine kluge Auguste.

Denn sie sagte lächelnd: „So bedeutend eure Namenstage auch sein mögen, sie dauern doch nur einen Tag. Bei mir ist das anders. Ich habe einen ganzen Namensmonat. Er liegt zwischen Juli und September. Der August."

Da mussten die anderen lachen. „Du bist eben eine kluge Auguste."

Gesprächsimpuls

Sankt Martin ist ein besonders bekannter Heiliger. Er war Soldat und fiel durch seine Hilfsbereitschaft auf. In einer Winternacht soll er einen frierenden Bettler gesehen haben. Prompt teilte er mit einem Schwert seinen Mantel in zwei Hälften und deckte mit einer Hälfte den Bettler zu. So errettete er den armen Mann vor dem Erfrieren. Später sollte Martin zum Bischof geweiht werden. Aus Bescheidenheit wollte er das nicht und versteckte sich im Gänsestall. Die Gänse jedoch schnatterten so laut, dass man Martin fand. Zur Strafe für seinen Verrat wird jedes Jahr eine Gans geschlachtet – die Martinsgans.

Die vier Schneekönige

Aktivierungstipp

Bringen Sie eine Schüssel Schnee von draußen mit. Machen Sie (vielleicht gemeinsam mit Ihrem Gegenüber) einen Schneeball oder formen Sie einen kleinen Schneemann.

Klassentreffen. Fünfzig Jahre ist es her. Die ehemaligen Schüler der Volksschule Bunzelfingen sehen sich endlich wieder. Abendessen im Restaurant „Zur goldenen Wildsau". An einem Tisch sitzen die vier Freunde von damals: Dorothee, Adelheid, Georg und Florian. Die vier nannten sich früher „die vier Schneekönige".

Wie kam es zu diesem Namen? Früher haben die Menschen das Wetter viel genauer beobachtet als heute. Und sie haben Wetterregeln aufgestellt. Sogenannte Bauernregeln. Und für Dorothee, Adelheid, Georg und Florian galt immer: Ihre Namenstage stehen für Schnee und Kälte.

Das fällt Florian beim Klassentreffen auch wieder ein. Er erinnert sich: „Na, ihr Schneekönige. Habt ihr das Wetter in den letzten fünfzig Jahren an eurem Namenstag beobachtet? Hat es gestimmt?"

Adelheid nickt. „Mein Namenstag ist am sechzehnten Dezember: ‚Um die Adelheid, da macht sich gern der Winter breit.' Ende des Jahres fängt oft der Winter an. Das stimmt. Ich habe immer wieder weiße Weihnachten erlebt."

Dorothee lächelt. „Am sechsten Februar gilt: ‚Sankt

Dorothee bringt meist Schnee.‘ Das hat gestimmt. Auch im Februar wurde es oft noch mal weiß draußen.“

Georg erklärt: „Mein Namenstag stimmt auch mit dem Wetter überein: ‚Sankt Georg kommt nach alten Sitten auf einem Schimmel angeritten.‘ Wie ein weißes Pferd kommt manchmal noch spät im Jahr der Schnee daher. Und manchmal kam er auch noch an meinem Namenstag. Am vierundzwanzigsten April.“

Florian legt ihm die Hand auf die Schulter und sagt: „Das kann ich noch überbieten. Mein Namenstag ist am vierten Mai. Und die Bauernregel dazu besagt: ‚Der Florian noch einen Schneehut tragen kann.‘ Ich habe oft an diese Wetterregel gedacht. Denn von zu Hause aus kann ich bis weit in die Berge hinein sehen. Und oft habe ich darauf an meinem Namenstag einen Schneehut gesehen.“

Florian schmunzelt. „Dann sind wir tatsächlich die vier Schneekönige. Nur schade, dass die Winter heute nicht mehr so weiß sind wie früher.“

Gesprächsimpuls

Wie hat sich das Wetter in den letzten Jahrzehnten verändert? Gab es früher mehr Schnee als heute? Erinnern Sie sich an kniehohen Schnee in Ihrer Kindheit? Was haben Sie als Kind im Winter gemacht? Haben Sie schon einmal einen Schneemann gebaut? Waren Sie Schlitten oder Ski fahren? Wann haben Sie das letzte Mal eine Schneeballschlacht gemacht?

Mein Namenspatron

Die großzügige Franziska

Aktivierungstipp

Sammeln Sie gemeinsam Namen, von denen es jeweils eine Version für Frauen und Männer gibt. Beispiele: Franziska/Franz; Karla/Karl; Stefanie/Stefan; Ulrike/Ulrich; Paula/Paul; Simone/Simon.

Wenn es draußen kalt wird, wird es drinnen warm. Und zwar bei Franziska. Immer am vierten Oktober macht Franziska nämlich den Backofen an. Das hat einen Grund. Denn Franziska backt Brot, belegt Pizzas oder macht Zwiebelkuchen. Den ganzen Tag. All das verschenkt Franziska. Franziskas Nachbarn und Freunde wissen das schon. Und die Vorfreude steigt jedes Jahr bis zum vierten Oktober.

An einem vierten Oktober klingelt Franziska bei Herrn König, dem neuen Nachbarn. „Bitte schön, ich habe hier eine Pizza für Sie."

Herr König runzelt die Stirn. „Warum denn das?"

„Na, heute ist doch der vierte Oktober. Da beschenke ich alle."

Herr König schüttelt den Kopf. „Das verstehe ich nicht."

„Ich heiße Franziska. Und am vierten Oktober ist mein Namenstag."

Herr König kneift die Augen zusammen. „Ja und? Verschenkt man am Namenstag Pizza?"

„In meinem Fall schon", lächelt Franziska. „Denn mein

Name geht auf Franz von Assisi zurück. Er war ein großzügiger Mensch. Franz von Assisi hat alles verschenkt, was er hatte. Und hat mit den Armen gelebt."

Herr König nickt. „Ich bin aber nicht arm."

Franziska erklärt: „Und ich will auch nicht alles verschenken. Aber ich nutze meinen Namenstag, um mich daran zu erinnern: Ich will großzügig sein. Alles, was ich habe, habe ich selbst auch geschenkt bekommen."

Herr König riecht an der Pizza. „Das ist eine schöne Idee. Besonders, wenn ich dadurch in den Genuss von so leckerer Pizza komme."

Franziska dreht sich schon wieder weg und eilt zu ihrem Backofen. „Bitte schön. Lassen Sie es sich schmecken."

Herr König ruft ihr hinterher: „Vielleicht mache ich nächstes Jahr bei Ihrer Aktion mit. Ich heiße nämlich Franz."

Gesprächsimpuls

Kennen Sie (berühmte oder nicht berühmte) Menschen mit dem Vornamen Franziska oder Franz? Welche Erinnerungen haben Sie an diese Menschen? Beispiele: Franz von Assisi, Papst Franziskus, Franz Moser, Kaiser Franz, Franz Beckenbauer, Franz Kafka, Franz Schubert, Franz Josef Strauß.

Das Katharinen-Fest

Aktivierungstipp

Bringen Sie Fotos von einem in Ihrer Region bekannten Volksfest mit und recherchieren Sie den Hintergrund zu diesem Fest. Zeigen Sie die Bilder Ihren Zuhörern.

Katharina ist neu ins Dorf gezogen. Als Kind hat sie immer am neunundzwanzigsten April ihren Namenstag gefeiert. Dort, wo Katharina herkommt, war der Namenstag nämlich oft noch viel bedeutender als der Geburtstag.

Im Dorf lud Katharina am neunundzwanzigsten April also ihre neue Nachbarin zum Kaffeetrinken auf den Balkon ein. Zufälligerweise hieß die Nachbarin auch Katharina.

„Heute ist unser Namenstag", sagte die eine Katharina.

Da antwortete die andere Katharina: „In unserer Straße wohnen noch mal drei Katharinas."

„Wollen wir die nicht auch mit zu uns einladen?"

Und schon bald saßen sie zu fünft auf dem Balkon. Katharina hatte viel zu wenig zu essen. Aber das machte nichts: Katharina Nummer zwei, drei, vier und fünf haben etwas mitgebracht – einen Kuchen, ein paar süße Stücke.

Da sagte eine der Katharinas: „Im Viertel wohnen mindestens noch zehn Katharinas."

„Wollen wir die alle auch einladen?"

„Na, da wird wohl der Balkon bald zu klein."

„Macht nichts. Dann gehen wir eben ins Haus."

Die Gastgeberin Katharina setzte sich ans Telefon. Und schon bald strömten fünfzehn weitere Katharinas ins Haus. Sie hatten Sekt, Wein und Likör dabei.

Da sagte eine der Katharinas: „Hier im Ort gibt es noch viel, viel mehr Katharinas. Die könnten doch auch alle noch kommen."

Katharina wurde ein wenig blass um die Nase. „Na, langsam wird meine Wohnung zu klein – und es ist schon spät am Abend."

„Wir können das Fest ja nächstes Jahr wiederholen. Irgendwo, wo es mehr Platz gibt", schlug eine von den Katharinas vor.

Und so entstand das Katharinen-Fest. Jedes Jahr am neunundzwanzigsten April findet es statt. Inzwischen baut die Gemeinde jedes Jahr ein riesiges Festzelt zum Katharinen-Fest auf. Und aus dem weiten Umkreis kommen alle Frauen, die Katharina heißen. Kluge Wissenschaftler halten Vorträge über berühmte Katharinas. Die Frauen schauen sich zusammen Bilder von Katharinas aus allen Ländern an. Es gibt einen Filmabend über berühmte Katharinas. Und es gibt Leckereien nach Rezepten von Katharinas aus aller Welt.

Gesprächsimpuls

Der Namenstag für Katharina ist am fünfundzwanzigsten November, einunddreißigsten Dezember, vierundzwanzigsten März und am neunundzwanzigsten April. Wann haben Sie Ihren Namenstag gefeiert? Wie hat man früher den Namenstag gefeiert?

König Kaspar

Aktivierungstipp

Welche Zutaten benötigt man für einen Rührkuchen? Zählen Sie gemeinsam auf: Mehl, Milch, Ei, Butter, Zucker, Salz, Puderzucker, Vanillezucker, Backpulver … Vielleicht können Sie die Zutaten auch mitbringen und zeigen.

An Kaspars Namenstag gibt es einen Rührkuchen. Jedes Jahr. Kaspars Namenstag ist nämlich an Dreikönig, also am sechsten Januar. Dazu gibt es eine schöne Tradition: Ein Rührkuchen wird gebacken. Darin wird eine Mandel versteckt. Dann wird der Kuchen in Stücke geschnitten und an die Familie verteilt. Wer die Mandel in seinem Kuchen hat, ist König. Zumindest für diesen Tag. Er darf bestimmen oder den Tag planen.

Kaspar erinnert sich: „Als Kind habe ich mir als König immer ausgesucht, welche Gesellschaftsspiele wir am Abend spielen." Kaspars Vater wollte nämlich am liebsten Schach spielen. Kaspar dagegen liebte Mühle noch viel mehr. Wenn Kaspar also zum König wurde, war klar: „Das Schachbrett kommt in den Schrank. Und wir spielen alle nur Mühle! Den ganzen Abend …"

Auch ein Wunsch aus der Jugend fällt Kaspar ein: „Ich habe mir gewünscht, dass mein Vater mich am späten Abend vom Tanzen nach Hause abholt." Damals musste man ja alle Wege zu Fuß zurücklegen. Kaspar wanderte also normalerweise ins Dorf oder in die nächste Stadt zum

Tanz. Und dann ging es wieder zurück. Da er aber nicht so spät heimkommen durfte, musste er immer so früh los. Also war es etwas Besonderes für ihn, wenn er bleiben konnte bis zehn oder elf Uhr – und sein Vater ihn dann abholte. Und übrigens: Kaspars Papa hatte damals noch kein Auto. Er holte seinen Sohn also mit dem Traktor oder Vespa-Roller ab.

Auch später als Ehemann hatte Kaspar immer einen besonderen Wunsch an seine Frau: „Wenn ich an meinem Namenstag König werde, wünsche ich mir mein Lieblingsgericht.“ Als Schwabe hieß sein Lieblingsessen: Linsen mit Spätzle und Seidenwürstchen. Ein herrliches Essen – gerade im Winter. Und weil seine Frau ihren Kaspar lieb hat, hat sie ihm irgendwann jedes Jahr an seinem Namenstag seine Leibspeise gekocht. Unabhängig davon, ob Kaspar an diesem Tag die Mandel im Kuchen erwischt hat oder nicht.

Inzwischen ist Kaspar zum Großvater geworden. Mit seinen Enkeln war er neulich im Kasperletheater. Danach hat er gesagt: „Ich finde meinen Namen richtig schön. Ich muss dabei gar nicht immer an das Kasperle aus dem Theater denken. Nein, ich fühle mich wie ein König. König Kaspar.“

Gesprächsimpuls

Kaspars Namenstag ist am sechsten Januar. Am Dreikönigstag gedenkt man der drei Weisen aus dem Morgenland. Die brachten Geschenke zu Jesus. Gemäß kirchlicher Überlieferung waren ihre Namen Kaspar, Melchior und Balthasar. Welche Traditionen verbinden Sie mit diesem Feiertag? Was haben Sie am sechsten Januar immer gemacht?

Geboren am Barbaratag

Aktivierungstipp

Bringen Sie am vierten Dezember den Zweig eines Obstbaumes mit (zum Beispiel von einem Kirsch- oder Apfelbaum). Geben Sie diesen Ihrem Zuhörer in die Hand und lassen Sie ihn daran fühlen. Stellen Sie den Zweig ins Wasser. Schauen Sie in den nächsten Tagen immer wieder gemeinsam, wie er sich entwickelt.

Wie jedes Jahr feierte Barbara ihren Geburtstag. Am vierten Dezember. Barbara wurde neun Jahre alt. Wie jedes Jahr ging Papa mit Barbara in den Garten. Vor dem Apfelbaum erklärte der Papa: „Ich schneide hier einen Zweig ab. So macht man das am Barbaratag."

Wie jedes Jahr sollte der Zweig an Weihnachten blühen. „Dieser Brauch geht auf die heilige Barbara zurück", erklärte der Vater, während er den abgeschnittenen Zweig unter seinen Arm klemmte. „Man erzählt sich: Barbara blieb mit ihrem Kleid an einem Strauch hängen, als sie ins Gefängnis kam. Sie stellte den Zweig ins Wasser. Kurze Zeit darauf blühte er."

Darum stellten auch Barbaras Eltern jedes Jahr am vierten Dezember einen Zweig vom Apfel- oder Kirschbaum ins Wasser. „Der Zweig hat für uns eine besondere Bedeutung", erklärte der Vater, während Barbara und er aus dem Garten ins Haus zurückkehrten.

Barbara fragte: „Warum?“ Obwohl sie die Geschichte schon kannte – denn der Vater erzählte sie jedes Jahr.

„Als deine Mama am Abend vor deiner Geburt Wehen bekam, haben wir die Hebamme angerufen. Leider hatte es gerade frisch geschneit. Es hatte viel geschneit. Viiiel! So weiß war es seit Jahren nicht mehr. Die Äste der Bäume bogen sich nach unten. Der Schneepflug kam nicht mehr mit Räumen nach. Autos blieben auf der Straße liegen.“

„Und dann?“

„Auch das Auto der Hebamme blieb im Schnee hängen“, erklärte der Vater. „Wir haben gewartet – und gewartet und gewartet. Schließlich haben wir dich am Schluss ohne fremde Hilfe entbunden. Als die Hebamme endlich kam, warst du schon da.“

„Dann musste die Hebamme nichts mehr tun?“

„Doch, natürlich“, antwortete der Vater. „Sie ist den ganzen Tag bei uns geblieben und hat uns erklärt, wie man einen Säugling pflegt und badet und stillt und wickelt. Irgendwann ist sie in den Garten und hat einen Zweig vom Kirschbaum geholt, ins Wasser gestellt und gesagt: ‚Heute ist Barbaratag. Möge das Leben Ihrer Tochter aufblühen wie dieser Zweig.‘“

„Und darum heiße ich Barbara?“

Der Vater lächelte. „Ja. Das ist der Grund. Du bist am Barbaratag auf die Welt gekommen. Und wir wünschen dir, dass du in deinem Leben aufblühen kannst.“

Barbara nickte. „Das ist ein schöner Wunsch. Danke.“

Gesprächsimpuls

Haben Sie am Barbaratag auch schon mal einen Zweig ins Wasser gestellt? Hat er später geblüht? Gibt es Bräuche rund um Ihren Namenstag?

Johnny, die Wasserratte

Aktivierungstipp

Schütten Sie gemeinsam Wasser mit einer Tasse/einem Glas von einem Behälter in den anderen. Oder bereiten Sie ein Umfeld vor, in dem Ihr Gegenüber allein mit Wasser experimentieren kann (mit Decke, Schüssel, Kleiderschutz). Im Sommer können Sie auch ein kühles Fußbad im Freien machen.

Wenn Johnny da ist, spritzt es. Immer und überall. Denn Johnny liebt Wasser. Er springt in jede Pfütze, obwohl er ein erwachsener Mann ist. Johnny hat mit einem Gartenschlauch eine Dusche für heiße Tage im Garten gebaut. Und morgens geht er oft im Fluss schwimmen.

Überall ist Johnny als Wasserratte bekannt.

Eines Tages, es ist der vierundzwanzigste Juni, bekommt Johnny Besuch. „Komm mal mit", sagt sein Freund. „Ich habe eine Überraschung." Schon sitzen beide im Auto – und fahren an den Baggersee. Dort öffnet Johnnys Freund den Kofferraum. Und siehe da: Ein Schlauchboot kommt zum Vorschein. Bald stehen Johnny und sein Freund neben dem Auto. Abwechselnd pumpen sie mit dem Blasebalg das Boot auf.

Als die beiden durch den See paddeln, sagt Johnnys Freund lächelnd: „Ich schenke dir dieses Boot. Heute ist schließlich dein Namenstag. Am vierundzwanzigsten Juni gedenken wir Johannes' des Täufers. Und Johnny kommt ja von Johannes."

Johnny schmunzelt. „Mein Name kommt vom Täufer Johannes? Ja, vielleicht liebe ich deshalb das Wasser so sehr."

Gesprächsimpuls

Lesen Sie die Geschichte von Johannes dem Täufer in der Bibel oder einer Kinderbibel nach. Kommen Sie darüber mit Ihrem Gegenüber ins Gespräch. Fragen dazu: Wovon ernährte sich Johannes der Täufer? – Er aß Heuschrecken und wilden Honig. – Wer wurde von Johannes getauft? – Jesus Christus. – In welchem Fluss taufte Johannes? – Im Jordan.

Der mutige Helmut

Aktivierungstipp

Lassen Sie die Vornamen berühmter Persönlichkeiten erraten. Dazu schreiben Sie die Nachnamen mit großen Buchstaben auf Blätter. Oder bringen Sie Bilder dieser Menschen mit. Beispiele: Adenauer – Konrad; Alexander – Peter; Glas – Uschi; Monroe – Marylin; Presley – Elvis; Rühmann – Heinz; Schneider – Romy. Variante: Lassen Sie die Nachnamen zu den Vornamen erraten.

„Wer heißt schon Helmut!" Oder: „Helmi, Helmi, Helmi." Oder: „Dein Name stammt doch aus dem letzten Jahrhundert." So necken die Kinder den kleinen Helmut. Und Helmut ärgert sich. Mit hängenden Schultern kommt er von der Schule nach Hause und fragt seine Eltern: „Warum musstet ihr mich ausgerechnet Helmut nennen? So heißt doch kein Mensch."

Die Mutter legt ihm den Arm um die Schultern. „Dein Uropa hat so geheißen. Er hat unser Haus gebaut – und das ist so stabil, dass wir heute noch drin leben."

Der Vater nickt. „Und Uropa Helmut war ein lustiger Mensch. Du hast seinen schelmischen Humor geerbt."

Die Mutter lächelt. „Und ein großartiger Gärtner war der Uropa auch. Und auch du liebst die Blumen."

„Du findest also, der Name Helmut passt zu mir?"

„Auf jeden Fall!"

Der Vater nickte. „Außerdem spielst du ja gerne Fußball. Und es gab früher auch viele tolle Fußballspieler mit dem Vornamen Helmut. Zum Beispiel Helmut Rahn."

„Wer war denn das?"

„Er hat für Deutschland den Siegestreffer geschossen. Im Jahr 1954 bei der Weltmeisterschaft in Bern. Damit stand es 3:2 für Deutschland gegen Ungarn. Und Deutschland wurde Weltmeister."

Der Vater zieht sein Handy aus der Tasche und tippt darauf herum. „Hier habe ich die Original-Radioreportage von 1954 gefunden. Hör dir das mal an."

Aus dem Smartphone ruft es: „Aus dem Hintergrund müsste Rahn schießen. Rahn schießt. Tor. Tor. Tor. Tor für Deutschland."

Nun legt der Vater seinem Sohn den Arm um die Schulter. „Dein Name ist also ein Volltreffer. So haben wir dich gewollt. Außerdem bedeutet Helmut so etwas wie: mutig, unversehrt oder auch heil."

Inzwischen weiß Helmut, warum er so heißt. Und wenn andere Kinder ihn wegen seines Namens hänseln, weiß er: „Ich trage den Namen meines Opas weiter. Und ‚Helmut' steht dafür, dass ich mutig bin. Wer kann schon so viel über seinen Namen erzählen!"

Gesprächsimpuls

Finden Sie die Bedeutung der Vornamen Ihrer Zuhörer heraus, bevor Sie diese Geschichte vorlesen. Sie können diesen mithilfe des Internets oder eines Vornamen-Bedeutungswörterbuches auf den Grund gehen. Fragen Sie Ihre Zuhörer, ob sie die Bedeutung ihrer Vornamen kennen.

Hier können Sie weiterlesen

Regelmäßige Kolumne „Uli & die Demenz“ von Uli Zeller im Internet: die-pflegebibel.de.

Weitere Geburtstagsgeschichten zum Vorlesen für Menschen mit Demenz von Uli Zeller finden Sie in den Büchern:

Lachen ist die beste Medizin. Humorvolle Geschichten zum Vorlesen bei Demenz. Ernst Reinhardt, München 2020.

Frau Franke sagt Danke. Mutmachgeschichten zum Vorlesen für Menschen mit Demenz. Brunnen, Gießen 2017.

Frau Janzen geht tanzen. Fröhliche Geschichten zum Vorlesen für Menschen mit Demenz. Brunnen, Gießen 2017.

Alle Bücher von Uli Zeller finden Sie hier: t1p.de/BestZeller

Viele weitere Ideen rund um die Aktivierung finden Sie auf der Seite: https://mal-alt-werden.de/

Weitere Tipps rund ums Jahr, Gedenk- und Namenstage finden Sie in:

Henze, Birgit (2011): 366 Tage – Aktivierungsarbeit mit älteren Menschen. Schlütersche, Hannover.

Schmidt-Hackenberg, Ute (2003): Zuhören und Verstehen. Warum man im Januar Brezel aß und im Juli nicht zur Ruhe kam … Vincentz, Hannover.

Über Namensbedeutungen geben diese Seiten im Internet Auskunft:

https://vornamen.swissmom.ch/vornamen/lexikon/
https://www.vorname.com/namenslexikon.html
https://www.vornamen-weltweit.de/

Bauernregeln über das Wetter gibts hier:

https://www.bauernhof.net/bauernregeln/
https://www.wetter.de/bauernregeln.html
https://de.wikipedia.org/wiki/Liste_von_Bauernregeln

Hier steht, wann welche Namenstage sind – und wofür der Heilige steht:

https://namenstage.katholisch.de/namenstage.php
https://www.topster.de/kalender/namenstag.php